大学生安全教育读本
——案例与分析

江 苏 省 教 育 厅
江苏省高等教育学会高校保卫学研究委员会 主编

东南大学出版社
SOUTHEAST UNIVERSITY PRESS

图书在版编目(CIP)数据

大学生安全教育读本:案例与分析/江苏省教育厅,江苏省高等教育学会高校保卫学研究委员会主编. —2版. —南京:东南大学出版社,2014.8(2024.7重印)

ISBN 978-7-5641-5025-9

Ⅰ.①大… Ⅱ.①江… ②江… Ⅲ.①大学生—安全教育 Ⅳ.①G645.5

中国版本图书馆 CIP 数据核字(2014)第 123711 号

东南大学出版社出版发行
(南京市四牌楼 2 号 邮编 210096)
出版人:江建中
江苏省新华书店经销 南京玉河印刷厂印刷
开本:880mm×1230mm 1/32 印张:7.5 字数:210 千字
2014 年 8 月第 1 版 2024 年 7 月第 28 次印刷
ISBN 978-7-5641-5025-9
定价:14.80 元

(凡因印装质量问题,可直接与营销部联系,电话:025—83791830)

编委会

主　任： 朱卫国　潘　漫

副主任： 步锦昆　周　操

编　委：（按笔画排序）

丁　虎	丁　怡	丁晓羚	王卫星	王　龙
王亚军	王　伟	王兴波	王　军	王　进
王学珍	仇有望	方正泉	朱兴同	任祖平
邬瑞斌	刘小龙	刘文俊	刘玉宝	刘汉柏
刘建华	刘振华	农春仕	孙再春	孙　政
孙　晔	孙盛杰	苏　勇	杨会芹	杨积根
杨爱春	李传荣	李　枫	李鸿涛	李　彭
佘建国	冷法尔	沈巧明	宋京城	宋　涛
张　青	张国旗	张晓兵	陆林召	陈根怀
邵正喜	范正敏	杭苏强	郁　达	罗元方
迮育红	季　艳	金红祥	周志林	周家明
屈伯俊	姚春林	钱红军	徐拥军	徐　萍
殷云林	高一明	郭　东	唐福无	浦云龙
曹广龙	曹昌家	曹海浪	曹跃兴	戚全锋
隋爱红	韩叶祥	韩红根	韩建华	蔡海彪
臧延金	薛　宇	薛霖辉	霍跃进	霍越忠
魏世英				

序

  大学生是国家宝贵的人才资源,是民族的希望、祖国的未来。维护大学生人身和财产安全,事关学生成长成才,事关千家万户切身利益,事关社会和谐稳定。强化安全理念,普及安全知识,掌握安全技能,弘扬安全文化,提升安全素养,维护安全稳定,给学生一个平安、和谐的学习成长环境,是学校、家庭、社会的共同责任,也是进一步深化平安校园建设的根本所在。

  安全责任,重于泰山。各级党委、政府和教育行政部门历来高度重视学校安全稳定工作,坚持把创建平安校园作为保障学生安全、维护学校稳定的重要工作常抓不懈,全省学校安全稳定工作机制不断完善,校园安防建设水平显著提升。当前,我国改革处于攻坚阶段,发展处于关键时期,教育综合改革步伐不断加快。高校既处于发展的黄金期,也进入了矛盾的凸显期,各类不安全、不稳定因素不断出现,学校安全稳定形势依然严峻。我们必须居安思危、警钟长鸣,进一步增强做好学校安全工作的责任感和紧迫感。

  安全第一,教育为先。实践证明,积极开展安全教育和演练,不断普及安全常识,努力提高安全技能,是减少安全事故的有效途径。各级教育行政部门和学校一定要高度重视,把工作重点前移到教育和预防上,让学生接受系统的安全教育和培训,增强遵纪守法观念,提高安全防范意识和自我保护能力,使安全健康成为学生的必备素质和能力,切实变被动为主动,把安全事故消灭在萌芽之中。

  前事之鉴,后事之师。安全事故固然可怕,但更可怕的是对防范和应对的无知,尤其可怕的是对血的教训的冷漠。当安全事故的创伤尚未抚平,血迹和眼泪还未擦干,我们惊异地发现,同样的隐患还在身边,同样的悲剧还有可能重演,这是多么令人担忧的状况! 为减少安全事故的发生,避免悲剧一次次再现,各级教育行政部门和学校采取了一系列措施,不断增强大学生安全教育的针对性和有效性。近期,省教育厅安全保卫与维护稳定处和省高教保卫学会又组织相关专家对 2011 年出版的《大学生安全教育读本——案例与分析》进行了全面修订,增加了一些发生在同学们身边的最新典型案例,旨在还原事故案情,分析事故发生的原因和应当汲取的教训,使同学们从中悟出一些道理,掌握一些技能,得到一些警示,真正把教训变成财富,防止重蹈覆辙。

　　大学生朋友们,世界上没有什么比人的生命和自由更为宝贵。让我们以书中选取的这些事故案例为反面教材,深刻汲取沉痛教训,更加关注安全,更加关爱生命,珍惜大学时代的美好时光,努力学习,健康生活,立志成才,为实现中华民族伟大复兴的中国梦而努力奋斗。

　　是为序。

江苏省教育厅厅长 沈健
2014 年 6 月

目 录

第一章 维护国家安全 …… 1

第一节 案例与分析 …… 2
第二节 危害国家安全的表现形式及原因分析 …… 7
一、危害国家安全的五种行为 …… 7
二、危害国家安全行为产生的原因分析 …… 9
三、维护国家安全是大学生的神圣职责 …… 12

第三节 保守国家秘密 …… 13
一、国家秘密的主要内容 …… 14
二、造成失密、泄密的几种行为 …… 14
三、大学生要自觉保守国家秘密 …… 15

第四节 抵制邪教 …… 16
一、邪教组织的重要特征 …… 17
二、邪教的危害性 …… 18
三、宗教与邪教的区别 …… 19
四、"法轮功"的邪教本质 …… 20
五、崇尚科学,反对邪教 …… 21

第五节 恐怖活动的应对 …… 22
一、什么是恐怖活动 …… 23
二、当代国内外恐怖主义活动的状况 …… 23
三、恐怖活动的形式及应对 …… 24

第二章 不法侵害的预防与处置 …… 30

第一节 案例与分析 …… 30
第二节 防范措施 …… 41
　一、打架斗殴的防范措施 …… 41
　二、寻衅滋扰的防范措施 …… 42
　三、大学生性侵害防范措施 …… 45
第三节 正当防卫 …… 47
　一、正当防卫的概念 …… 48
　二、正当防卫的构成要件 …… 48
　三、非正当防卫 …… 49

第三章 诈骗的识别与防范 …… 51

第一节 案例与分析 …… 51
第二节 防范措施 …… 60
　一、增强自身防范意识 …… 60
　二、了解常见防范技巧 …… 63

第四章 心理障碍的预防与调适 …… 72

第一节 案例与分析 …… 72
第二节 心理障碍的预防与调适 …… 77
　一、心理障碍的概念 …… 77
　二、大学生心理障碍常见类型 …… 77
　三、影响大学生心理健康的因素 …… 80
　四、大学生心理障碍的预防与调适 …… 84
　五、大学生自杀行为的预防 …… 87
第三节 大学生心理咨询 …… 88
　一、心理咨询的概念 …… 88

    二、大学生心理健康标准 ………………………………… 89
    三、大学生心理咨询的内容和范围 ……………………… 91
    四、大学生心理咨询的类型 ……………………………… 92
    五、大学生心理咨询的形式 ……………………………… 93

第五章 火灾事故的预防与应对 ………………………… 96
  第一节 案例与分析 …………………………………… 96
  第二节 防范措施 …………………………………… 102
    一、防范措施 …………………………………… 102
    二、初起火灾的扑救和处置 …………………………… 104
  第三节 逃生与自救 …………………………………… 107
    一、火场逃生的基本方法 ……………………………… 108
    二、宿舍火灾如何逃生 ………………………………… 109
    三、公共场所火灾如何逃生 …………………………… 110
    四、逃生误区 …………………………………………… 111

第六章 交通事故的预防与处置 ………………………… 113
  第一节 案例与分析 …………………………………… 113
  第二节 交通事故的预防与处置 ……………………… 117
    一、培养规范的交通安全行为 ………………………… 117
    二、提高交通事故的防范能力 ………………………… 121
    三、正确、有效处理交通事故 ………………………… 125

第七章 盗抢案件的预防与应对 ………………………… 128
  第一节 案例与分析 …………………………………… 128
  第二节 防范措施 …………………………………… 133
    一、大学生预防盗窃的方法 …………………………… 133

二、大学生预防抢劫、抢夺的方法 …………………………… 134

第八章　网络侵害的防范与处置 ……………………………… 137

第一节　案例与分析 …………………………………………… 137
第二节　防范措施 ……………………………………………… 142
　　一、避免沉溺网络 …………………………………………… 142
　　二、拒绝网络黑客 …………………………………………… 145
　　三、抵御网络病毒、木马 …………………………………… 146
　　四、识别恶意网站 …………………………………………… 147
　　五、网络不良信息的防范 …………………………………… 148
　　六、个人信息的保护 ………………………………………… 150
　　七、学习互联网法律法规，依法上网 ……………………… 151
　　八、恪守网络道德，做文明网民 …………………………… 155
　　九、加强自我保护，防止遭受非法侵害 …………………… 156

第九章　灾害及意外伤害事故的防范与应对 ………………… 157

第一节　案例与分析 …………………………………………… 157
第二节　灾害及意外伤害事故的防范与应对 ………………… 162
　　一、自然灾害 ………………………………………………… 162
　　二、意外伤害事故的处理 …………………………………… 168
　　三、几种常见的心肺复苏急救方法 ………………………… 173

第十章　食物中毒、传染疾病及猝死的预防与处置 ………… 180

第一节　案例与分析 …………………………………………… 181
　　一、食物中毒 ………………………………………………… 184
　　二、传染病 …………………………………………………… 188
　　三、猝死 ……………………………………………………… 190

第二节　防范措施 ………………………………… 192
　　一、食物中毒 …………………………………… 192
　　二、传染性疾病 ………………………………… 200
　　三、猝死 ………………………………………… 209

第十一章　学生人身伤害事故处理 …………………… 212

第一节　案例与分析 ……………………………… 213
第二节　大学生人身伤害事故分类、处理原则及程序 …… 214
　　一、大学生人身伤害事故分类 ………………… 214
　　二、大学生人身伤害事故处理原则 …………… 216
　　三、大学生人身伤害事故处理程序 …………… 219
第三节　大学生人身伤害事故赔偿 ……………… 220
　　一、高校与大学生的法律关系 ………………… 220
　　二、大学生人身伤害事故赔偿 ………………… 222

相关法律法规目录 ……………………………………… 224

参考文献 ………………………………………………… 225

后记 ……………………………………………………… 227

第一章　维护国家安全

　　国家安全是国家的基本利益，是指国家既没有外部的威胁，又没有内部混乱和失序的客观状态，是主权国家独立自主生存和发展的权利、利益的总和。国家安全的基本内容，包括国民安全、领土安全、主权安全、政治安全、军事安全、经济安全、文化安全、科技安全、生态安全、信息安全等。其中最核心的是国民安全。广义说认为，国家安全是个丰富而复杂的大系统，既包括保持领土完整和主权独立、防止外来侵略和颠覆、实现军事安全，又包括国家政权、政治制度、经济发展、科技水平、文化思想、国际地位和国际影响等方面的政治利益安全和经济利益安全。狭义说认为，国家安全主要指隐蔽战线的安全，其核心是由反间谍情报机关等专门机关和部门所保卫的国家政权、国家秘密和国家的根本政治、经济制度的安全。国家安全关系到国家的生死存亡，是全国各族人民的根本利益所在，是国家和民族的命运所在。

　　2014年1月24日，中共中央成立中央国家安全委员会，俗称"国安委"。中央国家安全委员会统筹协调涉及国家安全的重大事项和重要工作，这有利于提高国家在面临各种安全威胁和挑战时的决策和应对能力。

　　大学时代是世界观、价值观、人生观形成的重要时期，也是国家安全意识养成的最重要时期。大学生是未来国家建设的中坚力量，也是国家的未来和希望。大学生的国家安全意识如何，将直接关系到国家的稳定和社会主义社会建设的成败。"国家利益高于一切"，珍惜祖国荣誉，维护国家的安全和利益，是每个大学生的神圣职责。

第一节 案例与分析

典型案例1

北京某大学学生张某,极端民族主义情绪严重,入学以后,纪律性差,经常外出,夜不归宿,与校外人员来往频繁,经常在私人饭馆组织同乡聚餐,与一些民族分裂主义分子多次接触,与搞爆炸的民族分裂主义分子艾某频繁联系。艾某被抓获后,张某不但不引以为戒,反而在分裂祖国的罪恶道路上越走越远,越陷越深。由于参加非法活动,知道被有关部门"重视",以学习跟不上为由离校出走。弃学后,他更加肆无忌惮,与分裂主义分子打得火热。为了实现分裂祖国的不可告人的目的,他毅然加入"××解放组织党",并成为该组织五名重要成员之一。正当他们做着黄粱美梦,肆无忌惮地四处活动时,被所在地国家安全部门抓捕归案,落入法网。

案例分析:张某的所作所为是典型的危害国家安全的行为。当前,我国面临的环境复杂多变,安全形势不容乐观。一方面,传统的军事安全、主权安全、政治安全、国土安全形势仍然严峻;美国一直视我国为主要的战略威胁,把我国定位为"战略竞争对手";日本军国主义有所抬头;钓鱼岛争端和南沙群岛争端至今悬而未决;"台独势力"一直不放弃分裂祖国的企图;达赖喇嘛也在境外成立了流亡政府,境外东突厥分裂势力也在国内大搞破坏、谋杀和爆炸等活动。另一方面,随着我国加入世贸组织,全球生态环境的恶化,全球信息网络的迅猛发展,经济安全、生态安全、文化安全、科技安全、信息安全等非传统安全问题日益突出。因此,传统安全问题和非传统安全问题交织在一起,使我国维护国家安全的任务变得更加复杂和艰巨。

典型案例2

2014年4月,广东某高校学生王某因家在农村,生活困难,就在QQ群里发了一个"寻助学费2 000元"求助帖。不久,一网名为"MISS Q"的网友回帖,询问了王某的手机号和就读的学校,表示愿意提供帮助。王某喜出望外,把银行卡号告诉对方,不久就收到对方2 000元汇款,王某按照对方的要求写了收条,用手机拍了照,然后通过QQ传给对方,并按对方要求,搜集解放军部队装备采购方面的资料,作为资助学费的回报。

案例分析:近年来,少数大学生涉世不深,因家庭困难,通过QQ网上聊天,寻求帮助,被一些境外间谍分子利用,帮其搜集我国政治、经济、军事等方面的情报。大学生要增强国家安全意识,不能贪图小利而丧失警惕。

典型案例3

2011年,北京某高校学生李某,被该校美籍教师、美国中央情报局间谍约翰·德雷克斯策反,参加了美国情报组织,并为其收集我国的各类情报。约翰以帮助李某毕业后找工作、担保出国等物质和金钱引诱,利用个人感情(两人同居)等手段将其拉下水,将李某发展为情报人员。

案例分析:随着我国改革开放进入新的历史阶段,与全球其他国家交流越发深入频繁,高校外籍教师、外籍人员等也越来越多,其中不乏一些别国情报间谍人员。李某就是被这样的情报人员拉拢,在物质和情感诱惑面前成为他们收集情报的工具。作为新时代的大学生,每时每刻都要有国家安全意识,培养自身高尚的爱国情操,坚定的爱国信念,抵制外国间谍情报人员的腐蚀。

典型案例4

朱某是北京某大学的一名大学生。在北京学习期间,结识了某国驻华大使馆文化参赞龙某,后又结识了某大使馆新任文化参赞萨某。期间,朱某认识了某自治区党校退休老师杜某。后来,某大使馆文化参赞萨某提出要朱某及杜某等为使馆收集新疆伊斯兰教派活动的有关情况,当时朱某及杜某未表示拒绝,与萨某签订了协议书,并接受由萨某提供的摄像机1部、活动经费1万元以及两人的月薪3 000元,随后返回乌鲁木齐。朱某及杜某先后前往乌鲁木齐、喀什、莎车等地拍摄、录制了伊斯兰教派有关活动情况的资料,返回乌鲁木齐后,朱某、杜某被抓获,追缴了全部拍摄录制资料。经某自治区国家保密工作局、宗教事务局鉴定,朱某所收集的资料其密级为"机密"级。朱某实施的行为严重危害了国家安全。

案例分析:朱某的行为是非法提供国家秘密的行为,严重违反国家保密法,危害国家安全。他在物质诱惑面前,在国外机构的指使下做出了有损国家利益的事,沦为了国外敌对势力收集情报的奴隶。作为大学生,我们要牢记国家利益高于一切,保持应有警惕,不能出于个人私利泄露国家机密,危害国家利益。

典型案例5

2013年底,多个微信群中传播着一份涉密文件的影印件,造成严重泄密。有关部门立即介入调查,案件很快水落石出。

经查,10月下旬某日,某单位在内部招待所组织集体学习某会议精神,涉密人员刘某在个人房间中阅读、学习某涉密文件过程中,接到同事邹某发来的聊天微信。刘某和邹某平常关系很好,是微信上的好友。闲聊中,邹某无意中问起刘某在干什么,刘某答复在阅读某涉密文件。邹某一下子被勾起了兴趣,他本来就比较关注文件涉及的部分内容,就问刘某,能否讲讲文件中关于该部分内容是怎么阐述的。刘某虽然意识到这份文件是涉密的,但侥幸心理和人情考虑还是占了上风,他想到自己和邹某是铁哥们儿,又是同事关系,邹某应该不会把涉密文件传出去,就答复道:"我把那一部分拍下来发给你。"随即,刘某用手机将有关内容拍照后,通过微信发给了邹某。

邹某看到刘某发来的文件截图后,确信刘某正在阅读该文件,于是追问刘某能否把文件全文发给他看看。刘某错上加错,回复邹某:"文件内容比较多,我慢慢拍了发给你,不要着急。"随后,刘某花了两个多小时的时间,将文件主要部分进行拍照,陆续通过微信发给邹某。邹某看到文件后,感到文件内容很有用,随即将其中的部分照片在自己的微信群中进行了分享。

此后,邹某又将文件照片整理成较为完整的文档,出于资料共享的目的,通过微信发送给好友王某,王某又传递给其朋友和同事,王某的朋友和同事又通过微信在较大范围内传播扩散,造成该涉密文件大范围泄露。事件发生后,刘某受到留党察看一年、撤职处分,并调离涉密岗位,邹某受到撤职处分。

案例分析:这是一起典型的网络泄密案件。刘某严重违反保密规定,明知是涉密文件,故意泄密,受到了应有的惩处。微信是2011年初推出的一款支持多人文件资料共享的互联网移动应用软件。据报道,截至2013年底,全球微信用户已达6亿,是移动互联网上使用人数最多的应用软件。2013年以来,发生了多起通过微信泄密的事件。由于微信信息资源共享且使用十分方便,一旦发生泄密事件,信息往往呈几何级数扩散,所以,所有涉密人员必须警醒,从平时的点点滴滴做起,做好保密工作。大学生在平时学习、生活中也要增强保密意识,使用相关网络应用软件时也要提高防范意识。

典型案例6

广西某高校学生陆某,出生在少数民族山区农村,家庭环境极艰苦,但他奋力拼搏,考取了区内某大学。他学习刻苦,成绩一直名列前茅,且热爱集体,团结同学,思想要求上进,已成为一名中共党员,还多次获得奖学金,受到学校的表彰。自从开始修炼"法轮功"后,他整日看"法轮功"的书籍,并投入大量精力练功。由于"功夫"到家,他常常给同学们谈"法轮功",甚至劝说同学们修炼"法轮功"。后来,他担任了"法轮功"广西某高校辅导站站长和片区联络负责人。在中央将"法轮功"定性为邪教后，作为共产党员的他，本应与"法轮功"彻底决裂，但他非但不认识自己的错误，还继续为"法轮功"邪教组织服务，继续组织"法轮功"修炼者练功。学校领导找其谈话教育也无济于事。随后陆某被行政拘留15天，被释放后仍不思悔改。他在日记中写道："我一直在钻研'法轮功'，李洪志老师创造的'真善忍'改变了我一生的看法，我力图以这种看法去实践世界。"他更加死心塌地为"法轮功"邪教组织服务。最终陆某再次被公安机关依法处理并被学校开除党籍和学籍。

案例分析：陆同学由于平时学习刻苦、团结同学、表现较好，本应成为优秀人才，但受"法轮功"邪教的毒害，被"法轮功"从思想上彻底控制，最终被公安机关查处。由此可见，"法轮功"邪教宣传的歪理邪说既伤害个人，也危害社会，大家都应从中吸取深刻的教训。

典型案例7

2014年2月14日，当中国传统的"元宵节"与充满西方浪漫色彩的"情人节"在这一天汇聚的温馨日子里，16时许，阿克苏地区乌什县发生一起袭警案件。袭击者用汽车和摩托车载着液化天然气瓶，靠近位于乌什县一个公园门口的几辆警车并发动袭击，当时这些警察正准备巡逻。犯罪嫌疑人驾驶车辆，携带爆燃装置，手持砍刀，袭击公安巡逻车辆，导致2名群众和2名民警受伤，5辆执勤车损毁。公安民警在处置过程中，击毙8人，抓获1人。3名犯罪嫌疑人在实施犯罪时发生自爆死亡。经警方全力侦查，2014年2月16日，新疆阿克苏地区乌什县暴恐袭警案件告破。经查明，该案是一起有组织、有预谋的暴力恐怖袭警案件。3年前，麦合木提江·托合提开始宣扬宗教极端思想，一些人员受其影响，思想逐步走向极端。自2013年9月起，以麦合木提江·托合提为首的13人陆续纠集，收听观看暴恐音视频，进行体能训练，结成暴恐团伙。2014年1月以来，该团伙购买作案车辆，制造爆燃装置、砍刀，多次试爆,预谋伺机袭击公安巡逻车辆。

案例分析:宗教极端思想是这起暴力恐怖案件的元凶。宗教极端思想,一般是指在宗教名义掩盖下,通过传播极端主义思想主张,从事暴力恐怖活动或民族分裂活动的社会思潮和政治势力。被其蛊惑的人们,无论是少年、青壮年、老年,无论男女,都会变得良知泯灭、狂热无比,并进而投身于痴心妄想的幻觉,为了实现一个个邪恶目标铤而走险。我们要擦亮眼睛,认清宗教极端思想践踏伊斯兰教基本精神、亵渎伊斯兰教教义、破坏安定团结的险恶用心,理直气壮地驳斥他们散布的极端思想,剥掉其宗教外衣,揭露其反动本质和严重危害,形成对民族分裂分子、暴力恐怖分子和宗教极端分子人人唾弃、人人喊打的氛围。

典型案例8

2014年5月28日,事发当天,张某等6人在山东省招远市麦当劳店内就餐,在其中一人向同在该店就餐的吴某索要电话号码遭拒绝后,继而对被害人进行殴打。被害人吴某经抢救无效死亡。案发后,除张某儿子因未达刑事责任年龄另行处理外,其余5人均因涉嫌故意杀人罪被依法刑事拘留。

案例分析:这是一起"全能神"邪教组织制造的恶性故意杀人案件,充分暴露了邪教组织反人类、反社会、反科学的邪恶本质,同时再次给人们敲响了警钟。我们要提高警惕,充分认识邪教组织的本质,增强对邪教的警惕性、鉴别力和防范能力,共同维护社会安全和稳定。

第二节 危害国家安全的表现形式及原因分析

一、危害国家安全的五种行为

《中华人民共和国国家安全法》(简称《国家安全法》)及《中华

人民共和国国家安全法实施细则》所称危害国家安全的行为,是指境外机构、组织、个人实施或者指使、资助他人实施的,或者境内组织、个人与境外机构、组织、个人相勾结实施的下列危害中华人民共和国国家安全的行为:

1. 阴谋颠覆政府,分裂国家,推翻社会主义制度的。如"台独"分子一直没有放弃"两个中国"的梦想,达赖喇嘛也在境外成立了"流亡政府",境外东突厥分裂势力也在国内大搞破坏、谋杀和爆炸等活动。

2. 参加间谍组织或者接受间谍组织及其代理人的任务的。无论行为人是否接受了间谍组织的任务,是否进行了窃取、刺探、收买、非法提供情报或其他破坏活动,只要参加了间谍组织,即构成了间谍犯罪。未参加间谍组织,却接受了间谍组织或其代理人的任务的,也不管其任务实现与否,不影响间谍犯罪的成立。

3. 窃取、刺探、收买、非法提供国家秘密的。一般是指在未参加间谍组织也没有接受其代理人任务的情况下主动为间谍机构窃取、刺探、收买、提供情报。不管情报是否到了间谍手中,都不影响间谍犯罪的成立,都属于危害国家安全的行为。

4. 策划、勾引、收买国家工作人员叛变的或者将国防设施、武器装备交付他国或敌方的行为。

5. 进行危害国家安全的其他破坏活动的:

(1) 组织、策划或者实施危害国家安全的恐怖活动的;

(2) 捏造、歪曲事实,发表、散布文字或者言论,或者制作、传播音像制品,危害国家安全的;

(3) 利用设立社会团体或者企业、事业组织,进行危害国家安全活动的;

(4) 利用宗教进行危害国家安全活动的;

(5) 制造民族纠纷,煽动民族分裂,危害国家安全的;

(6) 境外个人违反有关规定,不听劝阻,擅自会见境内有危害国家安全行为或者有危害国家安全行为重大嫌疑的人员。

也就是说,任何境外机构、组织、个人实施或者指使他人实施的,或者境内组织、个人与境外机构、组织、个人相勾结实施的危害中华人民共和国国家安全的行为均视为危害我国国家安全的行为。

二、危害国家安全行为产生的原因分析

1. 境外敌对势力亡我之心不死,尤其在苏联解体、东欧剧变之后,要在全球范围内消灭社会主义制度,而把中国作为最后一个要攻击的重要目标。以美国为首的西方国家在发展对华关系的同时,继续推行"西化"、"分化"中国的战略。他们相互勾结,利用我政治、经济改革中出现的矛盾和面临的各种困难,伺机在我国进行渗透和破坏活动。

2. 高校人才荟萃,知识密集,信息资源丰富,涉外交往频繁,是意识形态领域中极为敏感、极为重要的地方。境外敌对势力在反华策略中"以大陆高校为目标"、"以大陆高级知识分子为重点"、"盯着中国的高等院校做工作,可以收到事半功倍的效果",由此他们把高校作为其渗透、颠覆、演变的重要场所和目标。

3. 境外敌对势力打着"民主"、"自由"、"人权"的旗号,宣扬西方的价值观念,动摇人们对社会主义的信念,对我中青年知识分子极力进行西化、分化和弱化。一方面,他们利用各种文化活动和学术交流,多层次、多渠道、多方式、多方位接触、拉拢高校人员,进行思想文化渗透,培植亲西方势力。如:一些西方国家驻华使馆和驻华机构,经常以多种节日名义举办宴会、报告会、专题讨论会等活动,广泛邀请我国各界人士参加,其间大肆散布"民主"、"自由"、"人权"等西方价值观念;他们利用学生、专家、学者出国访问之机,大肆诋毁社会主义制度,宣扬西方物质文明,对青年学生施加影响。另一方面,他们通过多种途径对我国进行心战宣传。如:向我国高校及科研院所邮寄反动宣传材料,极尽污蔑、诽谤和挑拨离间,极力诋毁我国内部的政策,妄图在我国内部制造纠纷;西方一些国家电台不仅加大了对华的广播频率,而且延长了广播时间,增加了广播内容,采取歪曲事实、挑拨煽动的手法,企图在我国制造思想混乱。近年来收听西方电台的人数逐年增加,且确有一些人在思想上起了变化,崇拜西方的"文明"、"自由",而对我国的社会主义制度产生不满。

4. 隐蔽的间谍情报人员,采取公开掩护秘密、以合法掩护非法等方式,对我进行煽动、窃密、策反等危害国家安全的活动。一是通过社会活动,广泛接触有关人员,套取我国政治、经济、科技、文化等秘密;二是利用办理出国手续的机会,向我国人员刺探内部秘密;三是利用一些人的不健康心理,以帮助出国定居、提供经济担保、奖学金或施以小恩小惠等手段对我人员进行收买利用;四是利用参观、旅游、观光等机会搜集情报;五是策反我内部人员,然后派遣回来进行间谍情报活动;六是利用亲属关系窃取秘密;七是打着"科技没有国界"的口号,以先进的科研条件、优厚的物质待遇为诱饵,拉拢腐蚀我出国留学人员为其卖力。

5. 个别人丧失国格和人格,与境外敌对势力联系,受其唆使,与反对中国共产党、反对中华人民共和国政府和中国社会主义制度的敌对分子遥相呼应;有的担任非法组织负责人,进行一系列危害国家安全的活动。少数出国人员缺乏国家安全意识和保密观念,经不起各种各样的诱惑,与国外敌对势力勾结,做出有损国格人格的事。

6. 互联网的快速发展对国家安全提出新的挑战。网络技术的飞速发展,使国家置身于一个没有固定边界的信息世界中,在这样的世界里,国家不仅要维护传统国力要素的安全,而且还要维护信息国土(一种新的国家要素)的安全。正如一位学者所说:人类历史上,新技术的发展常常改变力量的格局,改变原有的国际秩序、社会秩序,在这一过程中往往伴随着矛盾和冲突,对国家安全和社会稳定构成威胁。互联网的快速发展,对国家安全提出了新的挑战,出现了诸如网络恐怖主义、网络犯罪、网络霸权、网络信息战等一些威胁国家安全的新形式。大学生几乎100%是网民,据不完全统计,大学生受网络的影响程度越来越高,接受的信息60%以上来自于网络。境外敌对势力通过网络的互联性,以邮件等形式传播各种不利于社会主义建设的言论,使有形的国家受到无形的威胁。网络软武器的使用,使维护国家安全的难度进一步增大,一方面要维护信息这种新的国家要素的安全,在保护有形的国土完整无缺的同时,更要构建一条网络长城,保护好自己的信息国土;另一方面则是要加强对大学生的国家安全教育,筑起思想的防线,打好预防针,防患于未然。

7. 当代大学生对国家安全概念存在模糊认识。从广义上说,安全在客观上指不存在外来威胁的现实,在主观上指不存在当心外来威胁的恐惧感。而国家安全,就是要维护国家和民族的生存、主权、领土、社会制度、社会准则、生活方式以及社会、政治、经济、科技、军事等利益不受威胁。当前,国家安全是"综合安全",既包括国土安全、主权安全、政治安全、军事安全等"传统安全",也包括经济安全、文化安全、科技安全、信息安全、环境安全等"非传统安全"。只有全面理解国家安全的概念,才能帮助大学生增强国家安全意识。但是,当前相当一部分大学生对国家安全存在着一些模糊认识。主要表现在:(1) 对国家安全还停留在军事、战争、国防、领土等这样一些传统的、局部的认识上,缺乏对"非传统安全"、"综合安全"的认识;(2) 把国家安全等同于情报、间谍机关的活动,如一谈到国家安全,很多大学生会马上联想到美国的中央情报局(CIA)、联邦调查局(FBI)、苏联的克格勃以及我国的各级国家安全机关。这种片面认识,会导致大学生不能自觉地把维护国家安全与自身的责任联系起来,或多或少地认为国家安全是情报间谍机关的事而与己无关。这种状况与大学生所承担的自觉维护国家安全和国家利益的历史使命极不相符,淡化了大学生维护国家安全的时代责任感。由此可见,当代大学生的国家安全意识相对薄弱,因此,加强对大学生进行国家安全教育,培养大学生的国家安全意识,帮助大学生树立新的国家安全观,是一项紧迫的任务。

三、维护国家安全是大学生的神圣职责

1. 牢固树立国家安全高于一切的观念。增强国家安全意识,"没有永久不变的国家友谊,只有永久不变的国家利益",克服麻痹思想,提高识别能力,不要被"和平"、"友好"、"交往"中一些假象所迷惑,认为世界处处充满爱,认为改革开放的年代,哪有那么多的间谍、特务,看不见隐蔽战线上尖锐复杂的斗争。

2. 要努力熟悉有关国家安全的法律、法规。《国家安全法》是规定防范、制止、惩治危害国家安全的行为,规定国家安全机关的职权以及公民和组织维护国家安全的权利和义务的法律规范的总和。有人统计,涉及有关国家安全和保密工作的法律、法规、规章制度有一百多种,我们都应该有所了解,弄清什么是合法,什么是违法,可以做什么,不能做什么。其中,大学生特别应当熟悉《宪法》、《国家安全法》、《保密法》、《刑法》、《刑事诉讼法》、《科学技术保密规定》、《出国留学人员守则》等,遇到法律界线不清的问题要肯学、勤问、慎行。

3. 善于识别各种伪装。大学生在对外交往中,不能只讲友情,不讲敌情,既要热情友好,又要内外有别,牢记国家利益高于一切。不能认为国家安全与己无关,对危害国家安全的行为视而不见,失去应有警惕,或出于个人私利泄露国家机密,危害国家利益;不应接受西方的思想意识、价值观念和腐朽的生活方式,应自觉地抵制并与之斗争。

4. 发现外教或外籍人员宣扬西方的"自由"、"民主"、"人权",散布极端的个人主义和无政府主义思潮,宣传西方物质文明及拜金主义等情况,要及时向有关部门报告。对于收到的反动心战宣传品要及时主动上交,防止其扩散而产生不良影响,与外国人接触要严守国家秘密。

5. 到国外学习、旅游,行前要主动接受有关部门的国家安全教育,了解、掌握国家安全知识。不但要做好物资准备工作,还要做好充分的精神准备,提高国家安全和防范意识,自觉维护国家安全,抵制境外间谍情报机关以及敌对势力的策反、拉拢、威胁、利诱,并定时向学校汇报工作、学习情况。同时,要严格遵守外事纪律和有关规章制度,遵守前往国家的法律法规,尊重当地的社会公德和风俗习惯,避免产生误会或出现不应有的问题,绝不能做有损国格、人格的事情。

6. 要积极配合国家安全机关的工作。国家安全机关是国家安全工作的主管机关,是与公安机关同等性质的司法机关,分工负责间谍案件的侦查、拘留、预审和执行逮捕。当国家安全机关需要大家配合工作的时候,每个同学都应当按照国家安全法的要求,如实提供情况和证据,尽力为国家安全工作提供便利条件和协助,更不得以暴力、威胁方法阻碍执行公务。如果大学生发现危害国家安全的行为,应及时报告,一是直接向国家安全机关或者公安机关报告;二是通过所在组织(学校保卫部门、院系领导等)间接地向国家安全机关和公安机关报告。

7. 严禁与非法组织联系或参与其活动。非法组织是指未经法律法规的许可和一定程序的审批,而擅自成立的组织。大学生一律不允许以任何形式支持非法组织,或与他们保持暧昧关系,甚至直接参与其活动。禁止传阅、收藏各种非法刊物,违者将受到党纪、团纪、校纪处分,情节严重者还可能被直接追究刑事责任。

第三节 保守国家秘密

国家秘密是关系到国家安全和利益,依照法定程序确定在一定时间内,只限一定范围人员知悉的事项。国家秘密按其秘密程度划分为"绝密"、"机密"、"秘密"三级。按其工作对象分为:科学技术保密、经济保密、涉外保密、宣传报道保密、公文保密、会议保密、政法保密、军事军工保密、通信保密、电子计算机保密等。

国外一些谍报组织和人员经常利用参观、旅游、讲学、合作研究等各种借口在国内游荡，伺机对我国的政治、经济、科技、国防、文化、外交、资源等方面的机密情报进行收集和收买。一些意志薄弱人员，禁不住金钱和物质的诱惑，帮助谍报组织进行窃密活动，造成泄密，给国家带来巨大损失。

一、国家秘密的主要内容

1. 国家事务重大决策中的秘密事项。
2. 国防建设和武装力量活动中的秘密事项。
3. 外交和外事活动中的秘密事项以及对外承担保密义务的事项。
4. 国民经济和社会发展中的秘密事项。
5. 科学技术中的秘密事项。
6. 维护国家安全活动和追查刑事犯罪中的秘密事项。
7. 其他经国家保密工作部门确定应当保守的国家秘密事项。

二、造成失密、泄密的几种行为

1. 新闻出版工作失误造成泄密。国内新闻泄密案件占整个新闻出版泄密案的一半以上，特别是在科技、经济方面，给国家造成了巨大的损失，同时也在政治上产生严重影响。境外的一些中国问题专家在谈到搜集中国情报的方法时，认为主要手段就是分析研究中国的报刊等出版物。境外谍报组织广泛收集我国公开发行的报纸、杂志、图书、官方报告、人名通讯录、企业电话号码簿以及车船、飞机时刻表等，经过选择让专家分析研究。美国中央情报局把凡是能弄到手的每一份共产党国家的出版物都买下来，每月有20多万份，他们认为，所需要情报的80%可以从这些公开的材料中得到满足，称之为"白色"情报。

2. 违反保密制度，在不合时宜的场所随意公开内部秘密。主要表现在接待外来人员参观、访问、贸易洽谈之时，违反保密制度，轻易地将宝贵的内部秘密泄露出去。

3. 不正确使用手机、电话、传真或互联网技术造成泄密。一些谍报组织借助科学技术成果,利用先进的间谍工具进行窃听、窃照、截取电子信号、破获电子信件等获取机密。

4. 保密观念不强,随身携带秘密载体造成泄密。有些保密观念不强的人,随意将一些秘密资料、文件、记录本、样品等携带出门,遇上丢失、被盗、被抢、被骗,很快就会造成泄密事件。

5. 保密意识淡薄,或无保密意识,有意无意把秘密泄露出去。有些保密意识淡薄、缺乏保密常识的人,不分场合,随意在言谈中或通信中涉及国家秘密或秘密事项,或炫耀自己的见识广博,不料"道者无意,听者有心",不经意造成泄密。

6. 极少数人经不住金钱和物质的诱惑,被谍报组织拉拢腐蚀出卖国家秘密。

三、大学生要自觉保守国家秘密

高等学校是传授知识、运用知识和创新知识的重要场所,是培养高层次现代化建设人才的摇篮,是科学研究的重要基地。我国高校承担着国家大量的自然科学和社会科学方面的研究任务,有许多方面在国内、国际上处于领先地位。因此,高校中存在国家秘密,有些秘密的密级还比较高。高等学校中所掌握的国家秘密一旦泄露,必将给国家造成严重损失。当前,高校开放程度日益提高,对外学术交流活动日趋活跃,对外合作日渐频繁,信息化水平不断提高,高校保密工作面临着新的挑战。作为高等学校的大学生,特别是参加科研的大学生,一定要树立保密意识,养成良好的保密习惯。

1. 学习保密常识,接受保密知识教育,正确认识保密与窃密的斗争,增强保密意识,严格遵守保密制度。既要对外开放,扩大对外交流,又要确保国家机密不被泄露,正确处理两者的关系,克服那种有密难保、无密可保的糊涂认识。

2. 提高防范意识,在对外交往中坚持内外有别。在接触交往过程中,凡涉及国家机密的内容,要么回避,要么按对外口径回答,不要随便涉及内部的人事组织、社会治安状况、科技成果、技术诀窍和经济建设中各种未公开的数据资料。

3. 在与境外人接触时不带秘密文件、资料和记有秘密事项的记录本,对方直接索取科技成果、资料、样品或公开询问内部秘密,要区别情况,灵活予以拒绝。

4. 不经主管部门批准,不带境外人员参观或进入非开放区。不准境外人员利用学术交流、讲课的机会进行系统的社会调查。不经有关部门批准,不得填写境外人员的各种调查表,或替他们写社会调查方面的文章。

5. 在新闻出版工作中,注意保密原则,不得随意刊载有关国防、科研等事关国家机密的事项,参加国际学术会议或在国外刊物上发表文章,要按规定办理审查手续。不得为境外人员提供或代购内部读物和资料。

6. 自觉遵守保密的有关规定,做到:不该说的机密,绝对不说;不该问的机密,绝对不问;不该看的机密,绝对不看;不该记录的机密,绝对不记录;不在普通电话、明码电报、普通邮局传达机密事项;不携带机密材料游览、参观、探亲、访友和出入公共场所。不在通信中谈及国家机密,不在普通邮件中夹带任何保密资料。

保密是公民的义务,也是我们大学生的社会责任。每个大学生应该自觉遵守保密法规,自觉履行保密义务,坚决地同失、泄密行为和窃密行径作斗争。

第四节　抵制邪教

邪教是人类社会肌体上的毒瘤,对正常的社会秩序造成严重的威胁和破坏,已经不再是宗教,而是带有强烈的政治色彩,具有反科学、反社会、反人类、反政府性质的犯罪集团。正是在这个意义上，国外不少学者称之为"Extreme Church"，即"极端教派"，如美国的"人民圣殿教"、"大卫教派"、"天堂之门"、"上帝之子"，西欧、北美的"太阳圣殿教"，日本的"奥姆真理教"。

改革开放后，我国的邪教组织逐渐发展起来。20世纪80年代，邪教势力大多在偏远地区活动，90年代新生邪教多以中心城市为基地扩张，进入21世纪，当代邪教势力开始出现国际化的趋势。在我国，明确认定的邪教组织共有14个。中央办公厅、国务院办公厅文件明确了7个邪教组织："呼喊派"、"徒弟会"、"全范围教会"、"灵灵教"、"新约教会"、"观音法门"、"主神教"。公安部认定和明确了7个邪教组织："被立王"、"同一教"、"三班仆人派"、"灵仙真佛宗"、"天父的儿女"、"达米宣教会"、"世界以利亚福音宣教会"。

1999年10月，最高人民法院、最高人民检察院通过了《关于办理组织和利用邪教组织犯罪案件具体应用法律若干问题的解释》，对我国的邪教组织进行了如下的界定：邪教组织是指冒用宗教、气功或者其他名义建立，神化首要分子，利用制造、散布迷信邪说等手段蛊惑、蒙骗他人，发展、控制成员，危害社会的非法组织。

一、邪教组织的重要特征

邪教总是与在社会中有一定影响的理论结合在一起，自诩宗教或绝对真理。树立神化首要分子，利用制造、散布迷信邪说等手段蛊惑、蒙骗他人，发展、控制成员，危害社会。

其主要特征是：

1. 教主崇拜，唯教是从，为"教主"而生而死。中外邪教"教主"，都把自己吹嘘成神或神的化身。

2. 精神控制是邪教"教主"为巩固其"神圣"地位，维护其信众效忠自己的基本手段。

3. 编造歪理邪说是一切邪教"教主"蒙骗、坑害群众的伎俩。

4. 敛取钱财。现代邪教"教主"大都是非法敛取钱财的暴发户。

5. 邪教一般都有以"教主"为核心的严密组织。

6. 危害社会。邪教之害,主要表现在用极端的手段与现实社会相对抗。邪教"教主"大都有政治野心。

二、邪教的危害性

1. 邪教对社会的危害

(1) 邪教作为邪恶势力反对政府、仇视社会,煽动邪教组织成员发泄对政府及社会的不满。邪教利用社会矛盾、腐败现象、贫富差别等社会问题,挑拨政府与人民群众的关系,破坏社会稳定。

(2) 邪教散布封建迷信蛊惑人心,借天灾、人祸及各种自然现象散布谣言,煽动群众对抗政府。这些都赤裸裸地表现了邪教反政府、反社会的本质。

(3) 邪教组织煽动成员抛弃家庭外出传播邪教,鼓吹"传得越多,将来就可进天国"。很多成员因此离家出走,造成许多家庭悲剧。

(4) 邪教利用一套荒谬歪理邪说,欺骗和误导了很多群众,致使一些邪教成员放弃工作,变卖家产用于吃喝,坐等"世界末日",严重地影响了正常的社会生产和社会秩序。

(5) 邪教组织有目的地拉拢党员、团员和基层干部,侵蚀基层党政组织。有的邪教甚至插手村级选举,鼓动群众将选票投给他们"中意"的候选人。

2. 邪教对人身的伤害

(1) 邪教损害教徒身心健康,邪教的共同点都是用异端邪说迷惑残害教徒的身心健康。

(2) 邪教组织的头目打着行善积德的旗号,实际上他们却流氓成性,过着荒淫无度的生活,借着"神"的名义聚敛钱财、奸淫玩弄妇女,严重摧残妇女的身心健康。

(3) 邪教组织无视人权,残害生命。当邪教的歪理邪说一旦不能自圆其说,或者不能达到教徒们升天等许诺的目的,其罪行即将败露时，往往为了掩盖罪行，制造以绑架、伤害等手段威胁其成员不得背叛邪教，诱导蛊惑信徒殉教，制造集体自杀等人间悲剧，甚至策划绑架、暗杀、投毒、爆炸等恐怖事件。如"法轮功"痴迷者在李洪志所谓"圆满"的蛊惑下，连续制造自焚事件，残害生命，扰乱社会。

三、宗教与邪教的区别

邪教是冒用宗教的名义欺骗群众、进行各种违法犯罪活动的组织。邪教不是宗教，两者是有本质区别的。

1. 目的不同

宗教主张弃恶扬善、修身养性、宽容忍让，讲积德、积福、积禄、积寿、积来世。如佛教的"庄严国土，利乐有情"，天主教、基督教的"荣神益人"，道教的"慈爱和同、济世度人"，伊斯兰教的"两世相庆"等。这些说法虽然不尽相同，但都是引导信徒与人为善、慈俭济人、奉献社会。而邪教的目的或是满足个人私欲；或是为达到政治目的而主张"建立神的国，取消人的国"；或是"称皇称帝"，要"改朝换代"；或是诈骗钱财、奸污妇女等。

2. 组织形态不同

宗教的组织形态相对稳定，有固定的组织名称、经典、教规教义、信仰对象、活动场所及教内职务名称，其组织活动也是公开的。而邪教的组织形态不稳定，也不正规，没有固定的组织名称、经典，没有传统的信仰对象和活动场所，教内的职务名称杂乱不一——有的自称为"王"、"主"、"活基督"，有的自称为"神的化身"、"菩萨转世"；歪曲、曲解宗教的教规教义或自编信条，并根据形势的变化，随时改变组织名称、活动场所等，其活动也是在秘密状态下进行的。

3. 社会影响不同

宗教作为唯心主义的意识形态，固然对社会有消极影响，但没有现实的直接的危害，引导得好，还可以减少其消极作用。而邪教对社会有直接的、现实的危害:有的散布妖言、邪说,鼓吹"末世论",宣扬迷信,恐吓、蒙骗群众,煽动"升天"、"寻主",扰乱社会生产、生活秩序;有的企图推翻现政权,利用社会矛盾煽动群众抗拒国家法律和政策的实施;有的借神佛鬼妖之名,诈骗钱财,奸污妇女,进行违法犯罪活动,给社会政治稳定、人民群众生命财产安全造成严重危害。由于邪教影响社会稳定,扰乱社会秩序,危害人民生命财产的安全,妨害社会主义现代化建设,毒化社会风气,我国党和政府的态度是坚决取缔邪教组织,并依法打击其中的为首分子和骨干分子,对宗教则是采取尊重和保护的政策。

《中华人民共和国宗教管理条例》明确规定,宗教活动应当在经过登记的宗教活动场所进行。校园内不是宗教活动场所,不能进行传教等宗教活动。

四、"法轮功"的邪教本质

"法轮功"最初以气功形式出现,以掩盖其邪教的反动本质。综观近年来的种种活动,"法轮功"不仅有图财害命、破坏家庭、从思想上控制练功者的罪恶行径,而且还进一步发展到严重扰乱社会公共秩序、破坏国家社会政治稳定、混淆视听、涣散人心、制造思想混乱。

1. "教主"崇拜,唯"教主"是从,为"教主"而生而死

美国邪教"人民圣殿教""教主"琼斯、"大卫教""教主"考雷什、日本邪教"奥姆真理教""教主"麻原彰晃等,都把自己吹嘘成神或神的化身。李洪志也一样,吹嘘自己是"救世主"。

2. 精神控制是邪教"教主"为巩固其"神圣"地位,维持其信徒效忠自己的基本手段

李洪志以怯病、健身为诱饵,以"真、善、忍"为幌子,通过引诱、"洗脑"、恐吓,对练习者进行精神控制。

3. 编造歪理邪说是一切邪教教主蒙骗坑害群众的伎俩

李洪志为了发展"法轮功"组织,达到不可告人的目的,编造了

"世界末日论"、"地球爆炸论"等邪说,制造恐慌心理和恐怖气氛,使练习者狂热、盲目地追随他。据不完全统计,全国有1 400多人因修炼"法轮功"致死。

4. 敛取钱财

现代邪教"教主"大都是非法敛取钱财的暴发户。李洪志及其"法轮功"组织同样攫取了信徒的大量钱财。

5. 邪教一般都有以"教主"为核心的严密组织

以李洪志为"教主"的"法轮大法研究会"组织严密,在全国各省、自治区、直辖市建立过总站39个、辅导站1 900个、练功点28 263个,曾一度控制210万名练习者。"法轮功"组织有完备的组织制度,有明确的内部分工,通信联络迅速。

6. 危害社会

邪教之害,主要表现在用极端的手段与现实社会相对抗。邪教"教主"大都有政治野心,李洪志也不例外,同样野心勃勃。大量事实证明,"法轮功"组织绝不像李洪志说的"既不邪,也没教"。"法轮功"讲的是歪理邪说,行的是歪门邪道,聚集起来是邪恶势力,既是彻头彻尾的非法组织,又是彻头彻尾的邪教。以人民利益为最高利益的中国共产党和人民政府对邪教决不姑息,依法严厉打击,除恶务尽。

五、崇尚科学,反对邪教

青少年是祖国的未来。青少年能否健康成长,直接关系着我们国家的前途与命运。青少年生性好奇,求知欲强,这是极为宝贵的。但是,由于生理、心理的发育尚未成熟,很容易被封建迷信、歪门邪道等所迷惑。"法轮功"等邪教组织通过书籍、传单、光盘、录音电话、书写张贴反动标语、发送电子邮件等各种方式向高校内进行渗透,个别高校教师和大学生由于对邪教缺乏正确的认识,而被拉拢成为邪教组织的成员。邪教组织给高校造成的危害是严重的,不仅破坏了高校的治安秩序,也坑害了高校的少数师生,使他们心理上发生扭曲,行为上脱离正常轨道,无心教学和学习,少数痴迷者还参与违法活动,造成一害社会、二害自己的严重后果。

作为我国青年的优秀群体,当代大学生要树立正确的世界观、人生观和价值观,正确区别科学与伪科学、科学与迷信、宗教与邪教,自觉提高识别、抵御和防范邪教的能力,切实做到崇尚科学,拒绝邪教。要做到不听、不传、不信邪教。如果自己的亲戚、朋友或同学中有人信了邪教,要从关心、帮助他们的角度,提醒他们千万别上当,及早摆脱出来。要检举揭发邪教的违法活动。见到邪教在骗人、非法聚会、搞破坏活动时,要立即向学校保卫部门和公安机关报告。

第五节 恐怖活动的应对

进入 21 世纪以来,恐怖活动对国际社会的冲击明显加剧,已经成为影响地区和世界安全局势的一个新的不稳定因素。特别是近几年,恐怖活动在一些国家此起彼伏,劫机、爆炸、绑架与劫持人质、劫船、劫车、暗杀、袭击等形式的恐怖行为急剧增多。2001 年发生在美国的"9·11"恐怖袭击则把恐怖活动推向了高潮。恐怖活动严重威胁着世界和平与安全、经济发展与社会进步,给无辜平民造成了巨大的生命和财产损失,已成为当今世界的一大公害,引起了各国政府的广泛关注。跟一般刑事犯罪相比,恐怖活动对国家、社会的危害要大得多,它不仅有组织、有计划,更因带有政治目的性导致了极端与疯狂。再加上恐怖活动的存在与民族、宗教矛盾以及复杂的国际形势密不可分,这也注定了反恐怖斗争的复杂与艰巨。

随着经济全球化的不断加速,恐怖主义活动也呈现出全球化趋势。恐怖活动对中国的现实危害也日益凸显。因此,大学生必须了解恐怖活动对人类的现实危害,悉知恐怖活动的特点,掌握必要的防范知识和技能,尽可能有效遏制和降低恐怖活动的危害。

一、什么是恐怖活动

中华人民共和国全国人大常委会第二十三次会议审议的《关于加强反恐怖工作有关问题的决定（草案）》规定："恐怖活动是指以制造社会恐慌、危害公共安全或者胁迫国家机关、国际组织为目的，采取暴力、破坏、恐吓等手段，造成或者意图造成人员伤亡、重大财产损失、公共设施损坏、社会秩序混乱等严重社会危害的行为，以及煽动、资助或者以其他方式协助实施上述活动的行动。"与恐怖活动相关的事件，通常称为"恐怖事件"、"恐怖袭击"等。

当前国内外对恐怖活动的定义一直颇有争议，学者、官方在恐怖活动的界定上也不尽相同，但总体而言，各种关于恐怖活动的定义大多包括三个共同要素：一是制造恐怖气氛；二是暴力型或破坏性；三是有一定的政治性和社会性。

二、当代国内外恐怖主义活动的状况

当前恐怖活动在我国主要表现为：带有强烈意识形态色彩的民族分裂组织和极端宗教势力活动频繁，以极端暴力手段进行的社会攻击性恐怖活动、以个人利益为目的的恶性恐怖犯罪、帮派及黑社会势力所进行的带有强烈社会恐怖效应的暴力犯罪活动等不断发生。

20世纪90年代以来，在国际敌对势力的怂恿和支持下，在我国新疆、西藏等少数民族地区，境内外民族分裂主义势力的活动日益猖獗，跨民族、跨地区的联合趋势明显加强。非法宗教掩护下的反动宣传甚嚣尘上，民族分裂主义"政党"、组织和团伙大量出现，各类以民族分裂为目的的暴力恐怖活动的频率和强度不断加大。境内外的"东突"势力在极端主义、分裂主义和国际恐怖活动的影响下，为实现建立所谓"东突厥斯坦国"的目的，策划、组织了发生在我国新疆和有关国家的一系列爆炸、暗杀、纵火、投毒、袭击等恐怖暴力事件，危害了我国各族人民群众的生命财产和社会稳定，并对相关国家或地区的安全与稳定构成威胁。

与此同时,随着改革开放的深入,我国正进入社会结构的转型期,社会不稳定因素明显增加,以极端暴力手段报复社会的恐怖活动逐渐呈上升趋势。新中国建立初期被铲除的一些黑社会组织和暴力犯罪也死灰复燃,或分散或集中,或公开或隐蔽,不断以绑架、劫持、爆炸、抢劫等手段向社会示威。

三、恐怖活动的形式及应对

纵观世界上发生的恐怖活动,主要方式有爆炸、绑架与人质劫持、暗杀、投毒、破坏计算机信息系统等。这里介绍在高校中发生可能性比较大的几类恐怖活动方式及其应对措施。

1. 恐怖爆炸活动及应对

在众多的恐怖活动中,爆炸恐怖活动有愈演愈烈之势。进入21世纪后,几乎每天都有一起或数起爆炸惨案发生。2001年爆炸恐怖活动约占国际恐怖活动的70%。"美国的'9·11'恐怖事件"、"印尼巴厘岛爆炸事件"、"伊拉克巴格达的连环爆炸案"、"西班牙'3·11'马德里火车站爆炸事件"等一系列震惊世界的重大恐怖事件都与爆炸有关。上述事实充分说明,恐怖爆炸活动已成为当今恐怖分子最常用、最普遍与最主要的恐怖活动方式。这主要是由于当前各国都加强了对恐怖活动的防范力度,在众多因素的影响下,实施其他形式的恐怖活动难度加大。但与爆炸相关的科学技术发展很快且普及程度较高,制造爆炸装置所需的原材料种类很多,甚至日常用品经过一定的加工就可以用来制作爆炸装置,而目前传统的安全检查难以发现塑性炸药、液体炸药等非金属类炸药。因此,相对其他恐怖活动方式,实施爆炸恐怖活动的难度较小且不易被发现,成功率相对较高。还有一个比较重要的原因是随着恐怖活动的不断发展,其越来越走向滥杀无辜与血腥化道路,并且为寻求最大的新闻宣传效果,越来越倾向寻求使用简单易行但破坏力大的方式。而爆炸作为一种简单实用、杀伤力大、攻击目标无限制、社会影响力巨大的恐怖活动形式,自然成为世界各国恐怖分子的首选。

当前,世界常见的爆炸恐怖活动的主要类型有炸弹(药)爆炸、汽车炸弹爆炸、人体炸弹爆炸、邮件(包)炸弹爆炸、定时炸弹爆炸、橡皮艇炸弹爆炸等。爆炸对人员造成伤害的主要因素是空气冲击波和破片。冲击波能引起血管破裂致使皮下或内脏出血、内脏器官破裂、肌纤维撕裂,破坏中枢神经系统,伤害呼吸及消化系统,震破耳膜等。此外,炸弹爆炸后,破坏周围建筑物,并形成高速飞散的破片。由于人类对破片撞击的耐受度很低,所以这些破片对人类具有巨大的杀伤作用。

大学生在校园里学习和生活,在社会上与人交往、参加社会活动及涉外活动时,必须具有一定的安全知识和自我防护能力。在世界恐怖活动蔓延和泛滥的今天,还应增强反恐防爆意识。一方面,对当前国内外的恐怖爆炸活动应有所了解,对恐怖爆炸活动的发生发展状况及危害要有足够的认识,关注媒体中的相关报道,储备一些必要的安全常识和急救知识。另一方面,也不能被恐怖爆炸事件中的血腥所吓倒,影响正常的学习生活。

在日常生活中,对某些异常情况要有足够的警惕。某一物品在不该出现的环境中出现,一般要引起注意,特别是在人员密集场所出现,如学校的阶梯教室、食堂、礼堂等。一旦发现可疑爆炸装置,应掌握应对措施:

(1)保持冷静,切勿翻动可疑物品,保持其原状。

(2)迅速远离可疑物品,确保自身安全,并将有关情况立即报告有关部门,请公安机关派人前来处理。

(3)在有关人员处理过程中,要听从指挥,不要围观及大声喧哗,制造紧张气氛,在没有确认的情况下,不要散布不属实的信息。

(4)当校园发生爆炸等恐怖活动时,大学生应该听从学校的统一指挥,不恐慌、不信谣、不传谣,时刻保持冷静态度,积极配合有关部门为破案提供线索,通过自己的实际行动,打击恐怖爆炸活动。

在恐怖爆炸活动发生后,大学生还应以冷静、理智舒缓恐怖爆炸活动给自己造成的心理震荡,适时调整自己的心态,以积极、乐观向上的心态恢复到正常的校园学习、生活状态中。

2. 恐怖投毒活动及应对

高校投毒事件时有发生,有的是嫉妒别人的食堂办得好,产生报复心理;有的是因学习成绩、人际交往、经济状况等原因,心理承受能力弱,而采取了极端行为。

针对这一情况,相关部门已经采取了一定措施,但就大学生来说,也应该增强法治意识和防范意识。大学生在校园生活,难免与同学或其他人员发生矛盾,对学校的某些管理措施存在意见,大学生应学会在法律和学校相关制度允许的范围内妥善处理这些矛盾和意见,学会换位思考,理性调整自己的心态,切不可采取过激行为。与此同时,在与同学交往过程中,对同学存在的缺点和问题,可善意地指出,建设性地给予帮助,绝不能妄加评判、嘲笑或孤立同学。此外,对确实存在心理问题的同学,应将有关情况及时向学校有关部门反映,以便学校及时采取干预措施,避免问题扩大化。

3. 绑架劫持及应对

据有关媒体报道,2004年和2005年各地高校共发生大学生被绑架、劫持案件4起,被绑架劫持的大学生共4名,其中1名男生、3名女生;有2名大学生在绑架案件中丧生,另外2名经家属与公安机关密切配合,成功获救。

参与绑架大学生的犯罪嫌疑人多为社会上不法人员,被绑架者均是在校大学生,上述4起绑架案,案犯的动机都是为了勒索钱财。当犯罪分子的要求得不到满足时,或者当被绑架人进行反抗时,案犯将被绑架劫持人员残忍杀害。

大学生应对被绑架劫持,要做到下面几点:

(1)首先要防患于未然,要有防止被绑架劫持的警惕性。上网聊天、交友时,不要轻易和网友约会见面。必须约会见面时要约请数人陪同,或者选择公共场所,不要到偏僻场所或者对方家里见面。夜晚时不要独自到偏僻场所。做家教要有警惕性,最好通过学校联系家教,对聘请家教的人员与家教环境要进行较为详细的了解,第一次赴约最好有同学陪同前往。

(2) 如果被绑架劫持,要尽可能保持冷静,机智巧妙地与对方周旋,不要激怒对方,不轻易采取反抗行动,首先保证自身安全。

(3) 尽可能了解自己所处的位置。如果在绑架后被转移,要根据被转移的方式、时间、速度、转弯的次数等,大致判断出自己所在的位置。

(4) 利用犯罪嫌疑人准许与亲属通话的机会,巧妙地将自己所处的位置、现状以及犯罪嫌疑人的情况告诉亲属。

(5) 采取自救时,一定要仔细观察,周密思考。选择好时机,在确保自身安全的情况下逃跑。逃脱后,要立即报警。

(6) 大学生一旦被绑架劫持,亲属、同学和朋友要立即报警,提供被绑架人的年龄、体貌特征、随身携带物品、手机号码、车辆及近期照片等。将案件发生前后遇到的可疑人、见到的可疑车辆、接到的可疑电话,以及案件发生后,犯罪嫌疑人与亲属的联系方式、电话号码、要求家属做的事情等方面的信息,及时提供给公安机关。报案时务必采取隐蔽方式,防止犯罪嫌疑人害怕败露采取极端措施。

4. 恐怖信件及应对

恐怖信件一般包括邮件(包)炸弹或生化病毒信件。邮件(包)炸弹通常是由恐怖分子用信件或包裹把炸弹或者燃烧装置送至目标,制造爆炸。邮件(包)炸弹的破坏威力相对较小,其目的是伤害特定人员和引起人们精神层面的不安定。生化病毒信件与邮件(包)炸弹的原理基本一致,即将染有病毒的信件寄送给特定目标,意图通过感染特定目标,造成大范围人员的高度恐慌。

进入21世纪,包括我国在内的亚洲、欧洲等许多国家都发生过恐怖邮包炸弹袭击事件,2002年轰动美国的炭疽邮件事件,已经引起了世人的高度恐慌和警觉。随着科技的发展和新技术的普及,邮包炸弹的体积越来越小,防探测性越来越强,隐蔽性越来越高,而生化病毒信件也开始逐渐被恐怖分子所采用。

面对这种恐怖威胁的形式,大学生应该有充分的认识和警觉。一般的邮件炸弹都是由松发开关作为引爆装置,所以尽量避免开启或剧烈晃动。在收到陌生或者可疑邮件时,应仔细核对寄件人的姓名和地址以及邮政邮戳,对于邮寄地址及署名模糊的可疑邮件要有警惕性,避免因好奇而轻易打开,可用手指摸、对光照,但不要嗅、舔。在不能确定时,应立即报有关部门处理。如发现有粉末状异物时,应立即停止操作,用塑料袋密封好并不要移动,然后立即报告学校相关部门及公安、卫生防疫等应急部门,最后,要对双手及接触邮件的部位进行消毒。

当在计算机和手机上发现恐怖电子邮件和恐怖短信时,要及时报告公安机关或者学校保卫部门,不要随意删除电子邮件和短信息,以免造成证据的消失。

5. 遭遇劫机的应对

(1) 遭遇劫机时,千万要镇静,不可大喊大叫,激怒对方,尽量不引起劫机者注意,服从其要求。

(2) 机组人员一般都接受过应对劫机的训练,应积极配合其开展工作。必要时,要协助机组人员与劫机者进行搏斗。

(3) 遭遇劫机时,应见机行事,一般不到生死关头,应尽量避免与武装劫持者产生正面冲突。

6. 生物、化学恐怖袭击及应对

(1) 生物恐怖袭击。生物恐怖袭击是使用生物制剂诱导人类、动物及植物疾病或导致其死亡。事件发生后会发现不明粉末或液体、遗弃的容器和面具以及大量的昆虫。在现场出现大量相同的临床病例或极其罕见异常的疾病。患者沿着风向分布,同时出现大量动物病例等。

(2) 化学恐怖袭击。化学恐怖袭击是利用空气为传播介质,使人在呼吸到空气时中毒。出现异常的气味：如大蒜味、辛辣味、苦杏仁味。异常现象：如大量昆虫死亡，异常烟雾，植物异常变化等。异常感觉：一般受到化学毒剂、毒物侵害后，会出现不同程度的不适感觉，如恶心、胸闷、皮疹等。

　　遇到生物、化学恐怖袭击时，尽量保持镇静，不要惊慌，判明情况。要尽快掩蔽，利用环境设施和随身携带的物品掩蔽身体和口鼻，避免或减少毒物的侵袭和吸入。尽快寻找窗口，迅速离开污染源或污染区域，尽量逆风撤离。撤离后要及时报警，请求救助。

第二章 不法侵害的预防与处置

　　大学生在日常生活、工作、学习过程中可能会遇到不法分子的袭击与侵害,如何防止不法侵害,以及发生不法侵害时如何积极应对,从而避免或减轻侵害,是每个大学生应该学习和掌握的技能。如果正确预防和应对,可以化险为夷,或将危害与损失控制在最小范围内。本章对近年来发生在大学生身边的打架斗殴、挑衅滋事、性侵害、正当防卫等案例进行分析,教育大学生必须提高警惕,尽力预防或制止不法侵害的发生,以保证学习、工作和生活正常有序进行。

第一节 案例与分析

典型案例1

　　2013年7月9日,浙江某高校学生小杰和小亮去学校机房上计算机课。由于电脑紧张,他俩为抢电脑发生了争执。课后回到宿舍,小杰觉得不服气,叫来同学小江和小华等四个人,将小亮围住揍了一顿。几个同学看见了,连忙把双方拉开。由于小亮势单力薄,不仅脸上挂了彩,身上也出现了乌青。小亮觉得自己吃了大亏,就打电话找自己的老乡阿平帮自己出气。当天晚上,小亮把小杰、小江他们一起叫到操场。同时,阿平也叫来了一伙人。双方见面没说几句,就打了起来。路过的同学小季和小圆一看,连忙过来劝架,想把两边拉开。可谁知道,这时阿平突然从口袋里抽出一把折叠刀,直接刺了过去。结果,小华的脸上被划出了一道口子,上前劝架的小季胸口被刺了一刀,小圆颈部和肩部也受了刀伤。此外,还有不少人也因此次斗殴而受伤。事后,公安机关迅速将双方控制起来。阿平因为持有刀具聚众斗殴,被检察院以聚众斗殴罪批准逮捕并提起公诉。

案例分析:利益与经济冲突是引起大学生打架斗殴的因素之一。目前,大学生的竞争意识日渐增强,激烈的竞争常导致大学生对利益极为关注,如评优、评奖学金等,由于同学们看法不尽一致,有的甚至妒忌成仇;有的因争水冲凉、争运动场地或座位等生活琐事而引发争端,互不相让而斗殴。经济利益也是诱发打架斗殴的一个因素,如同学之间有的因共同消费后的经济承担责任有不同意见;有的因相互之间的借、还等经济往来而引发纠纷。还有学生与校外人员之间的纠纷,如有同学到外面就餐或到个体摊点购买物品,因服务态度、价格、数量等引发矛盾,认为自己吃亏上当,一时争持不下又无人调和时,双方各不相让,最后大打出手。打架斗殴常因小事而起,酿成刑事、治安案件,轻则受到退学、开除处理;重则因触犯法律法规,受到法律的严厉制裁,断送自己美好的前程。

典型案例2

2013年4月12日下午两点半,某派出所民警正通过视频监控进行巡查。当监控镜头摇到某路段时,火爆的一幕充斥了整个荧屏:道路已经被20多个青年给堵住,这些人手持钢管、木棍等,正"短兵相接"。从画面可以看到,有个女子正试图劝架,但整个局面她显然已经控制不了。这群人打群架,直接导致交通堵塞。派出所警务调度室立即调集所内及周边30余名警力火速赶赴现场,以防事态扩大。同时,警务调度室通过视频密切关注聚众斗殴人员动向,并不断将相关情况传递给相关民警。根据调度室提供的逃窜人员的轨迹和特征,民警展开追击,最终将逃窜人员全部抓获。经过清点,参与聚众斗殴的共有21人,其中不乏大学生。

经过审查,21名嫌疑人如实交代了自己的作案经过,而说起他们斗殴的原因,竟然是因为其中两个大学生争抢女友。周某是大学城内一家高校的在校大学生,此前他谈了一个女朋友刘某。前一阵子,刘某和周某分手,之后她又找了另一所大学的罗某做男友。周某获悉这一消息后,心有不甘,觉得是罗某将自己的女友抢走了,于是4月11日晚上便约罗某见面谈判。当晚,两人不欢而散,而周某更是放下狠话,4月12日要和罗某"决一雌雄",谁输了谁就退出。罗某也不示弱,当即答应,于是4月12日下午两点左右发生了前面监控上看到的一幕。

在派出所内,罗某和周某也冷静了下来,对自己的行为感到十分后悔。周某和罗某等7名主要组织人员因涉嫌聚众斗殴被警方依法刑事拘留,其他14名参与成员均被取保候审。

案例分析:恋爱与交友也是引起大学生打架斗殴的因素之一,在校大学生因恋爱问题导致打架占有相当的比例。有些同学视恋爱为儿戏,玩弄感情;有人甚至"脚踏几只船",引发几个恋人之间争风吃醋,继而结伙斗殴;有的因一厢情愿,恋爱不成,导致心理失调,甚至发展到心理变态,继而引发报复斗殴等恶性案件。极少数学生在交友中,以意气相投的酒肉朋友为对象拉帮结派,认为只有哥们义气才是最可信赖的,他们常常依仗人多势众,横行霸道,因而极易酿成聚众打架斗殴。

典型案例3

2013年11月19日凌晨,派出所接到辖区某高校报警,称该校学生宿舍内有人打架。民警赶到现场后发现,两名男生打架的起因竟是一部手机。

当天晚上,大学生小钱在回宿舍的路上发现自己的手机不翼而飞。心急如焚的他一口咬定,是刚刚与自己接触过的小刘偷了手机。这突如其来的指认让小刘措手不及,他竭力争辩也无济于事。然而,两人回到宿舍后发现,小钱的手机就放在他自己的抽屉里。"沉冤得雪"的小刘禁不住嘟哝了几句,这惹怒了小钱。两人由口角发展为肢体冲突,羞愤不已的小钱出手打了小刘。为了避免再遭殴打,小刘匆匆打电话报警。直到见到赶来的民警,小钱才意识到自己犯了大错,悔恨不已。鉴于双方肢体冲突并未造成严重后果,民警对两人的纠纷进行了调解。

案例分析:猜疑与嫉妒是引起大学生打架斗殴的因素之一。有些同学因猜忌多疑,总觉得别人跟自己过不去,背地里说自己的坏话;有的说者无心,听者有意,将别人的话胡乱联系,无端嫉恨他人;有的因自己财物失窃而对同学妄加猜疑,甚至对所谓嫌疑人擅自采取违法行为而引发斗殴事件。同样,嫉妒心严重的人,往往将别人的进步和成绩看成是对自己的威胁,继而引发恶性斗殴事件。

典型案例4

2011年7月,黄某因故意伤害罪,被上海市黄浦区法院一审判处有期徒刑2年,缓刑2年。

现年20岁的黄某与王某一起就读于上海某名牌大学国际金融专业。2010年12月20日上午8时许,黄某离开寝室去上课时忘记锁门,中途回到宿舍的王某发现门没锁后,发短信询问黄某。随后,两人在短信里争执起来,并约定打一架。下课后,回到寝室的黄某见王某在阳台,就过去与他理论,随后两人发生争吵,在同寝室同学张某的劝说下才暂时作罢。消停了没几分钟,王某又提起短信上的"打架约定",在气头上的两人很快发生了肢体冲突,进而扭打起来。黄某情急之下,顺手拿起自己桌子上的一把水果尖刀,向王某胡乱捅刺,刺中其腹部,来劝架的张某手部也被刺中多刀。

经有关部门鉴定,王某因腹部被刺致左肝破裂、腹腔积血,构成重伤。同年12月21日,逃逸中的黄某在家人劝说下到公安机关投案自首,并交代了犯罪事实和经过。案发后,黄某的家属与王某达成了民事赔偿协议。

案例分析：性格与个性也是引起大学生打架斗殴的因素之一。大学生来自五湖四海，各人成长环境和条件各不相同，性格差异较大。性格的差异在同学关系处理过程中，极易引起互相看不惯、互相嫌弃，形成对抗心理和纠纷。有些学生在家是个宠儿，为所欲为，到大学里，仍然唯我独尊，在集体生活中表现为不遵守公共道德和行为规范，发生矛盾纠纷时，不仅不能自我反省，还总觉得别人侵犯自己的尊严。因而其在处理与同学之间的矛盾时，态度粗暴、蛮横无理，常为一些生活琐事而大打出手。

典型案例5

2012年8月30日晚9时许，四川省某专科院校的大三学生刘某、邱某、罗某、张某、付某、高某等10余人在夜市一KTV中喝酒唱歌。其间刘某到外面打电话招呼其他同学前来，但因不熟悉地点，他向一对路过的男女问路。被询问的男子只是简单回答道"不知道"后即继续向前走。该男子较为冷淡的态度让刘某很是意外，他当即认定该名男子是在装怪故意不告知自己地点。于是，刘某上前扯住该名男子，准备与其理论。该名男子也不甘示弱回骂了刘某几句。刘某心里更是窝火，当众与该男子厮打起来。这一幕被刘某的一名同学看在眼里，他立即冲进KTV，叫来另外4名同学提着空啤酒瓶助阵。借着酒劲，刘某失去了理智，他拿起手中的破啤酒瓶向被害人脸部和脖子处刺去，受害人鲜血直流，当场死亡。

由于该事件案发于闹市区，情节恶劣，涉案人数较多，影响较大，当地人民检察院以故意杀人罪批准逮捕嫌疑人刘某，以寻衅滋事罪批准逮捕嫌疑人邱某、罗某、张某、付某、高某。

案例分析：酗酒也是引起大学生打架斗殴的因素之一。大学生由于酗酒而引起的违法违纪特别是打架斗殴现象时有发生。一些大学生在饮酒前并没有明确的违法动机和准备，但当饮酒到一定程度后，有的因平时琐事或饮酒过程中的几句话等因素引起情绪冲动，失去理智，殴斗厮打，有的甚至一呼即应，殴打伤害无辜。

典型案例6

晓慕、晓勤、晓玉和晓虹，都出生于1994年至1995年间，同为湖北某学院女同学，并同住一个宿舍。2011年10月底，晓慕认为同学晓云背后说其坏话，遂与室友晓勤、晓虹等人，在其居住的宿舍里对晓云进行殴打。次日，晓云在晓勤的要求下，花500元请其一伙吃饭赔礼道歉。同年11月7日晚上11时许，晓慕认为晓云将其与男友拆散而心生不满，遂伙同晓勤、晓虹、晓玉等人，在女生宿舍里再次对晓云进行殴打。期间，晓勤用拖把、皮带和拖鞋等物品殴打晓云，其他人用手扇晓云耳光，致使晓云受伤，晓玉还责令晓云脱光衣服在地上爬行。后经鉴定，晓云所受伤为轻伤。事发后，4人主动投案。

法院认为，晓慕等4人伙同他人殴打辱骂他人，破坏社会秩序，构成寻衅滋事罪，鉴于4人作案时均不满18周岁，而依法从轻处罚。晓慕等人主动投案，如实供述罪行属于自首，可从轻处罚。案发后，晓慕等人的家长与晓云达成民事赔偿，已经赔偿晓云7.5万元。这4名90后女生因寻衅滋事罪，分别被判处拘役5个月。

案例分析：寻衅滋事是指在公共场所无事生非、起哄闹事、殴打伤害无辜、肆意挑衅、横行霸道、毁坏财物、破坏公共秩序等情节严重的行为。滋扰，从广义的角度讲，是指社会人员无视国家法律和社会公德而寻衅滋事、结伙斗殴、扰乱社会秩序等行为。从狭义的角度讲，滋扰主要是指有人对校园秩序的破坏扰乱，对大学生无端挑衅、侵犯乃至伤害的行为。滋扰是一个涉及学生、家庭、社会等诸多方面的复杂社会问题，大学生必须提高警惕，尽力预防和制止外部滋扰，以保证学校教学、科研和生活的正常进行。

典型案例7

作为年轻人的"交友利器"，"微信"普及度甚广。然而，浙江一名已婚"高帅富"却利用微信勾引女大学生出来见面，并实施犯罪活动。曹某是一家公司生产经理。他说自己有一个幸福的家庭，跟妻子感情很好，还有一个3岁的小孩。曹某共交代了6起强奸案，涉及7名女大学生。警方根据曹某的交代找到受害人，但只有3人愿意报案，因此曹某被认定的强奸事实只有3起。因涉及个人隐私，法院不公开开庭审理了本案。

经人民法院审理查明：2011年11月28日20时许，被告人曹某通过手机中的微信软件与被害人林某聊天，获取被害人林某信任后，驾驶别克轿车将林某带至公园一停车场内，诱骗被害人林某至轿车内的后排位置。为让被害人放松警惕，以达到犯罪目的，被告人用iPad平板电脑与被害人打游戏，后采用言语恐吓、打被害人大腿等方式威胁被害人林某，强行与林某发生性关系，并用随身携带的苹果牌手机拍摄被害人裸照。2011年12月4日、9日，被告人曹某采用同样方式分别强行与受害人鲍某、施某发生性关系，并用随身携带的苹果牌手机拍摄被害人裸照。

法院认为，被告人曹某采用暴力及胁迫手段，强行与多名女性发生性关系，其行为已构成强奸罪，依法判处曹某有期徒刑8年6个月。

案例分析：这类暴力型性侵害的主体大多是校外人员，他们在与女大学生的交往过程中，采用欺骗手段取得她们的信任。一旦女学生处于孤立无援的状态时，他们就会使用凶器、殴打等暴力方式迫使被侵害对象就范，如果在性侵害的过程中遇被侵害人强烈反抗，或者他们害怕事情暴露，犯罪分子还可能会剥夺被侵害人的生命。

● 典型案例8

2012年1月天津市某区人民法院审理了一宗强奸案，被告人史某现年34岁，天津市人，无业。他在网上编造假姓名与女子聊天谈朋友，趁深夜约会时先后两次在汽车内对两名女子实施性侵犯，并用手机拍摄裸照。

2010年6月,史某编造假姓名上网聊天"搞对象",认识被害女子,后相约见面,并驾车搭载她到某区一个大排档就餐。夜深,史某驾车来到一偏僻马路边,在车内以殴打、语言威胁方式强行与被害人发生关系。

2011年2月,史某又在网上聊天时认识一名女大学生,后相约见面。这次他换了另一辆汽车,搭载女大学生就餐后,再度来到上次作案地点,采取威胁手段强行控制被害人,多次发生性关系并拍摄了裸照。公安机关在同年3月将史某抓获,经查,两次作案所驾汽车均系其以修车、借车为名从朋友那里诓骗得来。

法院经审理认为,史某无视国家法纪,以暴力和威胁方法强奸妇女,其行为已构成强奸罪,一审判决有期徒刑5年。

案例分析:近年来这类网恋型性侵害案呈上升趋势。网络技术的迅猛发展,给在校大学生提供了更多与陌生人交往的机会。上网聊天、结识网友已成为高校的一种时尚。作案人在网络聊天中往往利用花言巧语给那些正处于感情迷茫期的女生以最大的诱惑。在女学生看来,那些人就是她们要找的"梦中情人",很容易上当受骗。

典型案例9

2013年9月,江西省某法院一审判决被告人牛某犯强奸罪,判处其有期徒刑4年。

王某系在校女大学生,与前男友牛某分手后,牛某仍对其纠缠、骚扰,稍不如意便殴打王某,特别是王某找了新男朋友后更变本加厉。2013年4月20日,为了躲避牛某,王某决定同新男友一起去福建,但不知何故被牛某知晓。当日上午7时许,牛某将王某挟持至旅馆进行殴打,并连续强奸其3次。中午12时许,牛某在王某的再三恳请下去买避孕药,为了防止王某逃跑,牛某带走了王某的衣服、手机、钱包等物,王某裸身出来,向隔壁房间的客人借手机报警才得以获救。

案例分析：这类社交型性侵害的主体大多是熟人，是指在自己的生活圈子里发生的性侵害，与受害人约会的一般是同学、同乡、朋友，有的甚至是男朋友。受害人受到伤害后，往往出于各种考虑而不敢揭发。

典型案例10

小云是山东某大学的大一学生，在课余时间经常去做家教，一来锻炼自己的专业能力，二来也可以赚些零花钱。2011年6月20日下午2时左右，正在寝室睡午觉的小云被手机铃声吵醒，打来电话的是她以前教过的一学生的父亲惠某。惠某在电话中说，自己的孩子没人照顾，请她马上来教两个小时。由于以前去过他家几次，小云就直接坐公交车赶到了惠某位于北京路街道某小区的家里。进门后，惠某说孩子去同学家了，请她在客厅等一会儿，自己就走进主卧室去玩电脑了。大约过了10分钟，惠某从卧室出来说："我电脑怎么突然不能上网了，麻烦你给看看。"小云不好推辞，就走进卧室帮他查看。惠某又说自己的手机没钱了，想用小云的手机打个电话让孩子早点回来。毫无戒心的小云就把自己的手机交给了惠某。拿到手机的惠某，转身将手机放进了床头的抽屉里锁上了。这时小云才意识到危险的来临，可惜已经太迟了。就这样，惠某凭借暴力和威胁手段将小云强奸，之后将小云关在卧室内。

身处险境的小云苦思逃离办法。下午5时左右，玩累了的惠某站起身来，看了看缩在床边的小云说："你玩会游戏吧，我歇会，不许上网，要是上网我就弄死你！"小云打开一个游戏玩起来。半小时后，小云终于等来了机会，她趁惠某接电话的时机，迅速登录QQ，向自己的同学发出了求救信号：我被绑架，在开发区某小区，报警。接报警后，民警第一时间赶赴现场，假扮物业工作人员，进入惠某家中。刚一进门，小云一边呼喊着"救命"，一边从卧室冲了出来。民警立即将惠某控制，并安排人员将小云送到楼下警车内。

案例分析：家教是许多女大学生在大学期间参加的一项社会实践活动，它一方面可以增强学生的社会实践能力，同时也能使学生获得一定的经济收入。但有的女大学生找家教工作不是通过正规的中介机构去联系，而是仅凭张贴的招聘广告自己去联系，有时只是看报酬多少，不了解对方家庭成员、社会背景等情况，毫无警惕意识。

典型案例11

2013年8月26日晚上10点，某派出所接到一名姓张的女子报警，称其在应聘兼职歌手的过程中被人强奸。

据了解，小张今年刚上大一，平时非常喜欢唱歌，今年暑假回到南京后，就经常找些兼职歌手的工作。8月25日晚上，小张决定在开学前找个婚礼表演的兼职，于是她便上网搜索起来。小张看到了一则关于招聘南京演艺演出学徒的信息。一直憧憬做歌手的小张心动不已。于是她立即拨通了联系人仝某的电话，经过电话中的自我介绍后，仝某要求小张发一张生活照给他。小张赶紧将一张生活照发给了仝某。8月26日下午3点，仝某让她到办公室面试。小张见仝某如此肯定自己随即欣然前往。在所谓的办公室里，仝某非常热情地拿出平时演出的照片给小张看，在吹嘘自己的同时，努力地博取小张的信任。没过多久，令小张害怕的事情发生了。仝某非常夸赞小张的身材，并要求小张脱掉衣服，在他面前换上礼服。发现不妙后，小张四处寻找自己的手机，却不料已被仝某藏了起来。就这样，不幸的事情发生了。

接警后，民警迅速对此案展开调查，并于8月27日早晨6点将犯罪嫌疑人抓获归案。经审查，民警发现嫌疑人并不姓仝，而姓章，今年53岁。他在网上谎称是一名非常有名的全能艺人，经常出席各大晚会，还招收女艺人。经过调查，其实章某一点名气都没有，每个月只有不固定的1 000元收入，曾经也用同样方式涉嫌强奸被公安机关处理过。

案例分析：这是求职时受到性侵的典型案例。在竞争日益激烈的今天,女大学生找到一份工作很不容易,总想通过各种途径去推销自己,托熟人、找关系,以求找到更好的工作单位。这种急于求成的心理往往毫不掩饰地写在脸上。作案分子利用女生寻求帮助的机会,凭借三寸不烂之舌,将自己吹嘘得如何本领大,取得女大学生的信任和崇拜,然后找机会对女大学生进行侵害。

典型案例12

某派出所接到报警称,有村民抓住几个贼。民警迅速赶到现场,却发现只有一人,而且被称作"贼"的人已经死亡。民警随即将当事人郑某带回派出所审查。

公安局刑警大队和派出所民警经过一天一夜的调查取证,初步查清了事情经过。今年20岁的郑某是陕西某大学大一学生。当日15时许,准备第二天返校的他将书本、手电筒、充电器等放进自己青绿色的挎包后,锁上家门到亲戚家去告别。16时许,他骑自行车返回自己家,在离家二三十米的公路上,发现一名中年男子提着蛇皮袋,背着挎包走来。看见挎包特别像自己的包,便喊:"叔,你咋拿我的包?"这名男子听到喊声后,弃包而逃。郑某查看包后,确认就是自己的包。在他与该名持刀贼扭打过程中,持刀人被刺中倒地,郑某随即打电话报警。

经查,郑某家门锁被撬,室内被翻,衣服、香烟等价值1200多元的物品及现金2000元被盗。死者姚某,陕西周至县人,35岁,有吸毒、盗窃史。民警在姚某衣服内还发现大量被盗香烟,袜子内有一包毒品,口袋内侧藏有刀鞘,左腰后侧有一处刀伤。公安局与检察院就这起案件的定性问题达成共识,认定郑某的行为属于正当防卫。

案例分析:大学生在日常生活中,有时难免会遭受不法之徒的骚扰侵害,为了维护本人或他人的人身以及其他权益不受不法侵害,进行正当防卫,是法律所允许的。大学生应当懂得正当防卫是公民的权利和义务。

第二节 防范措施

一、打架斗殴的防范措施

大学校园内要防止斗殴。首先,大学生遇事应做到冷静细心,在日常生活中,遇到一些小的矛盾,应妥善处理,避免因小的矛盾纠纷而引起大的冲突打斗。其次,大学生还应养成良好习惯,注意语言文明,从而减少斗殴发生的可能性。再次,大学生还应慎重交友,择善而从,不要被一些品行不端的"朋友"拉下水,不要轻易"为朋友两肋插刀",而应对其进行说服劝导,寻找妥善的途径予以解决。

1. 对各类打架斗殴的预防和劝阻

(1) 防突发性打架斗殴。突发性打架斗殴往往是由偶然起因且不能冷静对待而引起。制止这种斗殴首先应采取劝导说服的方法,针对不同对象,认真讲清道理,指出"行少顷之怒,丧终身之躯"的严重后果,使冲动的头脑能迅速冷静下来,不自酿苦酒。

(2) 防报复性打架斗殴。报复性打架斗殴往往产生于某种奇特的变态心理。在生活中,人们的思想动机必然要从言语、行为等方面显露出来。所以,我们要注意关心同学的思想变化,发现问题及时而又有针对性地进行规劝。大学生一般来说自尊心比较强,应委婉相劝,攻心为上,用一种相似的人或事来善意暗示对方,让对方觉悟,从而领悟到同学之间的情谊。

(3) 防演变性打架斗殴。演变性打架斗殴一般有较长的滋生过程。同学们长期生活在一起,不可避免地在思想或生活上会发生一些摩擦和冲突,而有些伤人感情的话语容易生成积怨,进而引发斗殴,甚至毙命。因此,对这类斗殴应及早发现,将其消灭在萌芽状态。

(4) 防群体性打架斗殴。群体性斗殴一般是因本班、本年级、本校的同学、老乡或朋友与人发生纠纷后，不能冷静处理而凭一时义气纠合起来向对方进行报复的斗殴。大学生应明辨是非，冷静对待，不参与此类纠纷并劝阻他人参与群殴。

2. 对别人打架斗殴的处置

我们不仅要求大学生自己不参与打架斗殴，如果遇上别人打架斗殴时，也请别火上加油，防止扩大事态，并希望做到：

（1）不围观，不起哄，不介入。

（2）如果你想劝解，应当先问明情况，站在公正的立场上做双方的工作。若劝解无效，应迅速向学校有关领导或保卫部门报告，以防事态扩大。

（3）打架的一方如果是你的同学或熟人，在劝解时要主持公道，不可偏袒。在采取隔离措施时，应当首先拉自己的同学或朋友，以免被对方误解为"拉偏架"，或者将你当做对方的"同伙"而受到无辜伤害。

（4）当学校有关部门调查打架真相时，现场目击人要勇于出来向有关部门提供线索和证据，以保护受害人的合法权益，使肇事人受到惩处。见义勇为是每一个公民应有的道德。

二、寻衅滋扰的防范措施

大学生受外部滋扰的常见形式有：

（1）校外的不法青少年在与少数大学生进行交往时，一旦发生矛盾或纠葛，便有目的地入校寻衅滋事、伺机报复等。

（2）有的不法青年，在游泳、沐浴、购物、看电影、参加舞会、观看比赛甚至走路等偶然场合，与大学生发生矛盾，进而酿成冲突。

（3）有的不法青年，专门尾随女同学或有目的地到学生宿舍、教室等处污辱、骚扰、调戏女生，甚至对女同学动手动脚，致使女大学生受到种种伤害。

（4）青少年犯罪团伙邀约到校园内斗殴滋事，从而使围观或路过的大学生无端遭殃。

(5) 外来人员或某些法治观念淡薄的教职工子女与学生争抢活动场地，从而引发矛盾和冲突。

(6) 一些游手好闲的青少年，把学校当做玩乐场所，在校园内游逛，或故意怪叫喧哗、吵吵嚷嚷，或有意扰乱秩序，以搅得鸡犬不宁为乐，似乎旁若无人、不可一世，"老子天下第一"。大学生作为学校的主人，与这类人员发生正面冲突的可能性很大。

大学生是校园的主人，为了维护自身利益、维护校园正常秩序，积极慎重地同外部滋扰丑恶现象作斗争是义不容辞的责任。

1. 对待外部滋扰的处置

大学生在遇到违法滋事时，应注意把握以下几点：

(1) 提高警惕，做好准备，正确看待，慎重处置。面对违法青年挑起的违法滋扰，千万不要惊慌而要正确对待。要问清缘由、弄清是非，既不畏惧退缩、避而远之，也不随便动手、一味蛮干，而应晓之以理、以礼待人、妥善处置。

(2) 充分依靠组织和集体的力量，积极干预和制止违法犯罪行为。如发现违法滋扰事件，要及时向老师或学校有关部门报告，一旦出现公开侮辱、殴打自己的同学等恶性事件，要敢于见义勇为、挺身而出，积极地加以揭露和制止。要注意团结和发动周围的群众，以对滋事者形成压力，迫使其终止违法犯罪行为。那些成群结伙、凶狠残忍的滋事者，总想趁乱一哄而上、为非作歹，只有依靠组织，依靠群众，依靠集体的力量才能有效地制止其违法行为。在群起而攻之的局面下，几个滋事者是不足为惧的，是完全能够被制服的。

(3) 注意策略，讲究效果，避免纠缠，防止事态扩大。在许多场合，滋事者显得愚昧而盲目、固执而无赖，有时仅有挑逗性的言语和动作，叫人可气可恼而又抓不到有效证据。遇到这种情况，一定要冷静，注意讲究策略和方法，一方面要及时报告并协助有关部门进行处理；另一方面应采取正面对其劝告的方法，注意避免纠缠，目的就是避免事态扩大和避免把自己与无赖之徒置于等同地位。

（4）自觉运用法律武器保护他人和保护自己。面对违法滋扰事件，既要坚持以说理为主、不要轻易动手，同时又要注意留心观察、掌握证据。比如，有哪些人在场，谁先动手、持何凶器，滋事者有哪些重要特征，案件大致的经过是怎样的，现场状况如何，滋事者使用何种器械、有何证件，毁坏的衣物和物品是什么，地面留有什么痕迹，等等。这些证据，对查处违法滋事者是很有帮助的。

2. 对恋爱纠纷的处置

在学生中求爱的滋扰主要来自两方面：一是单恋者的纠缠，一方有情，另一方无意，有情者积极进攻，穷追不舍；二是原来有恋爱关系，因某种原因，一方提出终止，另一方无法接受，因而苦苦纠缠。为摆脱这种求爱滋扰，应做到：

（1）态度明朗。如果你并无恋爱打算，对于单恋的追求者，应明确拒绝；如果是正在恋爱中或曾经恋爱过的对象，你要冷静考虑，如果不想与其相处，就要明确告诉对方，让其打消念头。若是态度暧昧，模棱两可的话，会让对方增添幻想，而且也会给自己带来更多的麻烦。

（2）遵守恋爱道德，讲究文明礼貌。在拒绝对方的要求时，要讲道理，耐心说服；要尊重对方人格，不可挖苦嘲笑，更不能在别人面前揭露对方隐私。

（3）要正常相处，节制往来。恋爱不成，但仍是同学、朋友，不可结怨，更不能成为仇人。在交往中，最好要节制不必要的往来，以免对方产生"物是人非"的伤感，应让对方尽快消除心理上的伤害。

（4）遇到困难，要依靠组织。如果你认为制止不了对方的纠缠，或者发现对方可能采取报复行为等，要及时向老师和领导汇报，依靠组织妥善处理，防止发生意外事件。

大学生除积极防范和制止发生在校园内的滋扰事件外，更应加强自身修养。不断提高自己的综合素质，严格要求自己，决不能染上违法恶习而使自己站到滋事者的行列中去。

三、大学生性侵害防范措施

在日常生活中,要正确识别性行为,对非正常性行为要及时加以制止和控制,有效遏制性侵害行为,尤其是性犯罪行为的发生,以保护自身安全,防止遭到性侵害。

1. 积极防范以避免发生性骚扰、性侵害

(1) 在思想上树立性侵害防范意识。在社会中,女性作为性侵害的特殊客体容易遭受侵害。因此,女大学生在校内外的各种活动场合,要随时注意遭受性侵害的可能性,提高自我保护的警觉性。只有树立防范意识,才能对一些预警性的性侵害信息及时采取防卫措施,有效地保护自己。平时在社会交往中对朋友或同伴那些肮脏下流的笑话、淫秽暧昧的语言、挑逗暗示的动作采取强烈的排斥态度,就能及时打消他们的侵害念头,从而防止被害。

(2) 在生活上注意仪表言行得体。女性性感的时装,大面积的身体暴露会给那些本无意实施强奸的犯罪分子感官上以极大的刺激,引发他们的犯罪欲望。因此,女大学生在校期间的穿着打扮要符合自己的身份,以大方得体、朴实无华为好。不要盲目追赶潮流,浓妆艳抹、前卫妖艳。在言行举止方面,女大学生要懂得自尊自爱,不要与男性过分随便、亲昵甚至暧昧,在喝酒、跳舞中不要有轻佻、挑逗性动作,使加害人误解,从而将自己置于一种潜在的危险环境中。

(3) 在防范上关注所处周围环境。性侵害犯罪作为一种特殊的犯罪行为,犯罪分子往往注重作案环境的选择,以求作案的"成功率",减少作案风险。女大学生对自己的生活、居住环境要加倍关注。晚上尽量不要外出,有事外出也要尽早回来,夜晚外出最好结伴而行,行走时要选择行人较多、路灯较亮的明亮道路行走,经过树林、建筑工地、废旧房屋、桥梁涵洞等处时要特别小心。在学校公寓就寝时,要避免独处,特别是节假日期间,晚上睡觉时要关好门窗,拉上窗帘。

(4)在观察中谨慎结交新朋友。调查表明,大部分的性侵害是发生在相互认识的熟人中间。因此,女大学生在与同学、老乡及朋友(网友)的交往过程中要注意对方交往的目的,留意对方日常言行中表现出来的人品、道德修养。如发现对方时常有过分亲昵、挑逗等预兆性言行时,要及时果断地终止来往。在与朋友交往中,时刻应注意观察和提醒自己,不要轻信好话,不要单独跟新朋友去陌生的地方;要控制感情,不要在交往中表现轻浮;选择约会环境,不要到偏僻人少的地方;不要过量饮酒,不接受超常的馈赠;对过分的言行持反对态度等。

(5)有选择地参加社会活动。女大学生应慎重参加如家教类的活动,即使参加也要通过学校及有关部门联系,切忌自己通过小广告或自行选择服务对象。参加之前,要将家教对象的基本情况有个大致的了解,不要只图报酬高或嫌手续烦琐而贸然前往。

2. 发生性侵害时的防卫措施

(1)头脑清醒,控制情绪。女大学生在遭受性侵害之际,保持头脑清醒、情绪稳定是最重要的。只有设法使自己沉着、冷静,才能明白性侵害者意图,与其周旋,从而找出摆脱困境的方法。如果被害人处于危险时惊慌失措,大喊大叫,进行本能的反抗或逃避,反而会助长犯罪分子的攻击,导致性侵害的发生。

(2)明确意愿,态度坚决。有时性侵害行为是性侵害者错误地理解了被害人的意思后发生的。因此,女大学生遇到别人要对自己进行性侵害时,应当恰当而且坚定地表明自己的态度,阻止性侵害行为的发生。

(3)沉着理智,机智反抗。在遭到性侵害时,被害人要注意了解性侵害者的弱点和周围环境,以及一切可以利用的积极因素,采取恰当的措施进行反抗,尽可能地运用自己平时生活中积累的经验和知识,予以防范。如尽量用赞扬的话语将其优点给挖掘出来,唤起侵害人人性中善良的一面,使其行为向好的方面转化,避免性侵害行为发生。

（4）正当防卫，有效攻击。女大学生在遭受性侵害时，可采取一些暴力防卫措施，特别是对犯罪分子身体薄弱部位进行有效的攻击（如：脸部、腹部、下身等处），使性侵害人的身体产生伤痛，从而使其终止侵害行为，同时为被害人逃脱或获救创造条件。

（5）抓紧时机，迅速脱身。犯罪心理学表明，性犯罪的主体在实施犯罪过程中，心理变化有一个从冲动到后悔再到恐惧的过程，一旦侵害行为得逞，激情消退，侵害人会产生后悔、自责心理。所以女大学生在这时要抓住一切有利时机，为自己脱身创造条件。

3. 发生性侵害后的应对措施

（1）及时报案不要拖。女大学生一旦遭遇性侵害事件后，要打消顾虑，及时向有关部门报案，不能因为害怕名誉受损，将苦果自己咽下去，这样会使犯罪分子逍遥法外，也可能使更多的女性受害。

（2）配合调查要积极。性侵害发生后，在报案的同时，被害人要将侵害的有关物证保留好，并将犯罪分子的体貌特征、衣着打扮、口音、携带物品、受伤情况等如实地向有关调查人员反映，为公安机关破案提供线索。

（3）调整心态，不走极端。女大学生被侵害后，表现出意志消沉、精神萎靡，心理负担加重，整天生活在被侵害的阴影中，久而久之，会产生厌世情绪。有些受害人会抱着破罐破摔的心态，走上自甘堕落的道路。还有一些自尊心较强的受害人会由悲愤而产生强烈的报复心理，发誓要除掉加害人。因此，作为有知识、有文化的女大学生，在吸取教训的同时，应及时调整心态，尽快从阴影中走出来。

第三节　正当防卫

正当防卫是法律赋予公民的神圣权利，是公民与违法犯罪分子作斗争的法律武器，大学生应掌握好这个武器，当遇到杀人、放火、抢劫、行凶、强奸、盗窃等违法犯罪行为时,就要善于运用正当防卫行为来维护合法权利。

一、正当防卫的概念

《中华人民共和国刑法》(简称《刑法》)第20条第1款规定:"为了使国家、公共利益、本人或者他人的人身、财产和其他权利免受正在进行的不法侵害,而采取的制止不法侵害的行为,对不法侵害人造成损害的,属于正当防卫,不负刑事责任。"

二、正当防卫的构成要件

1. 正当防卫的前提条件是必须存在不法侵害

一般来说,不法侵害是指违反法律规定、具有社会危害性并且带有较明显的紧迫性或攻击性的行为。对于合法行为如公安人员的拘留、逮捕,群众捉拿或扭送罪犯等,不能进行所谓的正当防卫。

2. 正当防卫的时间条件是必须针对正在进行的不法侵害

所谓正在进行的不法侵害,包括两层含义:一是指这种侵害是实际进行的,而不是主观想象的、推测的;二是指不法侵害是正在进行的,而不是尚未发生或已经结束的。

3. 正当防卫的对象条件是不法侵害者本人

正当防卫的目的是制止、排除不法侵害,故只能对不法侵害者本人实施,而不能对其他人实施(如不法侵害人的亲属等)。另外,对共同实施不法侵害的,如现场的组织者、指挥者也可以实施正当防卫。防卫人在实施防卫的过程中如果给第三者造成损害,可以根据其主观有无罪过来确定其应否承担刑事责任。

4. 正当防卫的主观条件是正当的防卫意图

正当的防卫意图是指防卫人是为了保护国家、公共利益、本人或他人合法的人身、财产和其他权利免受不法侵害。正当防卫之所以是正义的,就在于它是为了保护这些合法利益,这是正当防卫的基本出发点,离开了这个基本出发点,正当防卫就不能成立。也就是说，为了保护非法利益而实行防卫（如盗窃犯为了保护盗窃来的财物而实施的防卫），就不是正当防卫。

5. 正当防卫的限度条件是没有超过必要限度

所谓必要的限度，是指正当防卫以有效地制止不法侵害为限度。即只要这种防卫行为在当时的具体情况下是有效制止不法侵害所必需的，则不论其性质、手段、强度与后果是否和不法侵害行为相适应，都不能认为是超过了必要的限度。反之，如果防卫所采取的措施不是当时情况下所必需，行为人应就其行为承担相应的责任。

三、非正当防卫

既有正当防卫，就有非正当防卫。若非正当防卫造成了损害，则应负相应的法律责任。非正当防卫主要有下面几种。

1. 防卫过当

防卫过当是指行为人在实施正当防卫时，超过了正当防卫所需要的必要限度，并造成了不应有的危害行为。

《刑法》第20条第2款规定："正当防卫明显超过必要限度造成重大损害的，应当负刑事责任，但是应当减轻或者免除处罚。"

《刑法》第20条第3款规定："对正在进行行凶、杀人、抢劫、强奸、绑架以及其他严重危及人身安全的暴力犯罪，采取防卫行为，造成不法侵害人伤亡的，不属于防卫过当，不负刑事责任。"

2. 防卫挑拨

防卫挑拨是指行为人故意挑逗对方，使对方对自己进行不法侵害，借口加害于对方。

3. 局外防卫，也叫防卫侵害了第三人

局外防卫是指防卫者对正在进行的不法侵害以外的人实施的侵害行为。

4. 假想防卫

假想防卫是指不法侵害行为根本不存在，由于行为人猜想、估计、推断不法侵害行为存在，而对他人实施侵袭的不法侵害行为。

5. 事前防卫,也叫提前防卫

事前防卫是指行为人在不法侵害尚未发生或还未到来的时候,而对准备进行不法侵害的人采取了所谓的防卫行为。

6. 事后防卫

事后防卫是指在不法侵害终止后,而对不法侵害者进行的所谓防卫行为。

随着社会的发展进步,大学生的生活空间大大扩展,交流领域也不断地拓宽。大学生不但要在校园内学习、生活,而且还要走出校园参加众多的社会活动,因而危及人身安全的因素随之不断增多,稍有不慎,就会给自己带来不幸,给家庭造成痛苦,给社会增添负担。因此,在校园生活和社会活动中维护人身安全,提高防御能力,是大学生安全教育之根本。

第三章 诈骗的识别与防范

诈骗是指以非法占有为目的、用虚构事实或隐瞒真相方法骗取款额较大的公私财物的行为。由于它一般不使用暴力,而是在一派平静甚至"愉快"的气氛下进行的,受害者往往会上当受骗。随着社会科技的发展以及日趋复杂的社会治安形态,形形色色的违法犯罪分子往往在思想单纯的年轻大学生身上打主意。防范和惩治诈骗分子,不仅需要政府,更主要依靠教育机构坚持不懈的宣传教育,提高大学生自身防范能力,使其认清诈骗分子的惯用伎俩,防止上当受骗。

当前,尤其是网络和信息的诈骗让人防不胜防,其背后已经衍生出一条隐秘的犯罪产业链条。我们面对的并不是传统意义上的骗子,而是一个分工精细、高度产业化的诈骗网络体系。但不管网络和信息诈骗手段如何翻新,只要我们提高警惕,识破他们诈骗的伎俩,就能予以避免。

第一节 案例与分析

典型案例1

2013年2月24日,某高校大学生吴某在某市南郊"汇金谷"一网吧,碰到自称是附近一所民办学院学生的男子。对方称其手机丢失,向事主借手机并请事主一同前往西站附近的肯德基找女朋友。当行至力宝广场时,对方谎称要上厕所,便将吴某的一部手机带进附近的肯德基中。吴某未等到对方出来,便进肯德基去寻找对方,发现对方已没有踪影,方知被骗,损失价值4 000元。

案例分析:吴某的遭遇是大学生因善心帮助陌生人,失察受骗的典型事例。诈骗分子假冒在校大学生或其亲友、同学、记者、华侨、领导子女等身份,接近大学生,以急需帮助为由,向学生伸手借钱、借手机打电话。钱、卡、手机一旦得手,诈骗分子马上乘机"金蝉脱壳"消匿无踪,这是诈骗分子惯用手段之一。

大学生经历了"十年寒窗",但许多人只知道闭门苦读,与社会少有接触,缺乏经验,加之思想单纯,多不设防,很容易相信他人,遇人遇事不深究、不细想,难辨真假。他们对于事物的分析多停留在表面上,甚至根本就不加分析,不假思索去帮一个素未谋面或相识不久的人,从而使诈骗分子有机可乘。本案例中,如果小吴多一个心眼,建议对方打公用电话,或婉言谢绝,犯罪分子就很难得手。

典型案例2

小萍是沪上某高校大一学生,以下是她口述的受骗经历:

2011年10月的一天,我在寝室里接到陌生电话,邀请我参加一项"全国大学生职业培训计划"的活动,纯公益不需要钱,帮助提高就业能力。对方自称与某某市教委及各大高校合作,免费提供大学生职业培训服务。陌生人说起本市大学办学特色头头是道,听起来很权威的样子,我以为遇到了正规的志愿者组织,便答应21日过去。

21日过去后,他们接待很热情,嘘寒问暖的,还安排一位老师和我在一个小隔间里"一对一"交流。他说起自己的成长经历,说我和他的经历相似,让我很受感动。随后是一份测试,里面有很多HR、猎头一类的术语,我发现自己无从下笔,突然觉得自己很差劲,特担心今后找不到好工作。随后,老师拿出相关协议给我看,因为培训费不低,我当时打了个电话给父母,我妈听了情况表示反对。我想离开,但老师马上又找了一个人来"开导"我,在两位老师的轮番"轰炸"下,我答应签约了,原价4 248元的套餐打折也要

2 000元。当时身上钱不够,老师就让我先付一部分,我取出身上所有钱,他们又派了一名财务人员跟我回校取款。那一瞬间我觉得有些不大对劲,但也没说出来。让我纳闷的是回来之后一直没收到上课通知,我每次打电话给老师,他们就回答"等有课了会通知你的"。这时,我怀疑自己受骗了。

我要求他们退款,但他们取出协议对我说,协议规定如果我违约,必须缴纳套餐总额的30%,及建档费什么的共2 070元,这样算起来他们不但不用退款,还要我再给他们70元。

案例分析:现在大学生就业压力大,竞争激烈。一些大学生或为提高能力适应社会,或为解决暂时经济困难,纷纷走上社会,或报名参加培训,寻找就业机会。诈骗分子借此机会设下骗局,通过报纸媒体或者手机信息发布培训信息,骗取学生培训费、中介费、报名费等。有的甚至在合约中设下陷阱,待为数不少的大学生交了中介费或者押金后,他们以种种借口不兑现承诺,有的甚至干脆人去楼空,"蒸发"了事。

小萍遭遇的便是此类培训诈骗。面对记者提问的时候,小萍回答得很坦诚:"老师说话的时候,我不好意思离开,否则感觉很不礼貌;听他们说了那么久,感觉最后不签协议挺对不起他们的。""我现场测试的成绩很糟糕,当时很沮丧,觉得自己太无能了。我很想改变自己和家庭的处境,想获得成功。"据记者调查,这家称为"转折号"的诈骗公司令很多大学生受害,许多人损失惨重。"小萍"们的失误在于,在面对较大事情决定的时候,没有多留一个心眼,也缺少拒绝的技巧,被不熟悉的人刻意营造出的现场环境所诱导,失去了清醒的头脑。其实完全可以现场暂时不表态,给自己一个缓冲的思考时间,哪怕是一个晚上,如果回来跟老师与同学再沟通下,也许就不会上当受骗。

典型案例3

2011年10月24日,某市工业职业技术学院学生张某(女,18岁)、袁某(女,19岁)、吕某(女,18岁)、葛某(女,20岁)在宿舍内,被一名外来女子以招收"二级代理商"为名,以次充好推销电脑配件、洗发水等用品,骗走现金7 000余元。

案例分析:以假充真,以次充好也是诈骗分子常用的手段之一。诈骗分子利用大学生对某些商品、外币等不了解、不熟悉、辨别力差等情况,以次充好,进行推销诈骗。如果这四名女生能够了解相关商品市场信息,不轻信突然的"发财机会",就不会轻易上当。即使想创业,也应事前进行充分的市场调研,而不是随便相信上门推销的"小贩"。

典型案例4

2013年3月19日,某大学女生小青,来到该市水上公园警务站报警称,自己一时大意,被一名男网友骗走了一台笔记本电脑和500元钱。据小青介绍,她在某高校读大专。当年1月份,她在网上认识了一名男子,男子自称王某,两人无所不谈,渐渐成了"知心"朋友。3月6日,她受邀去王某所在海滨城市玩,在那里住了十来天。期间,王某向她借了1 300元钱,后来又还给她800元。3月17日,她要返回学校读书,王某说他老家也在那里,表示要送她回去。两人买火车票时,小青发现王某买的火车票上,名字印着"齐某"字样,便很奇怪地问:"你不是叫王某吗?怎么火车票上却是齐某?"王某说,他的身份证丢了,就用捡来的一张身份证买了票,小青就没有多想。没想到,两人在目的地下火车后,男子原本说送小青去学校,后又借口其他事情,独自打车走了,还拿走了小青新买的价值4 000余元的笔记本电脑。小青再给该男子打电话,却怎么也打不通,小青方知受骗。

案例分析:越来越多的年轻人开始选择通过网络交友,但许多受害人自我保护意识不强,仅凭网络聊天所得的"良好印象"就单独出去约见陌生网友,对于其中是否存在危险、如何采取必要的自我保护措施不假思虑,致使网络诈骗分子屡屡得手。当前,由网络交友引发的案件类型主要是诈骗,其次是抢劫、强奸、盗窃、敲诈勒索等。犯罪嫌疑人及被害人以年轻人居多,多以婚恋交友为名,以异性作为犯罪对象,利用网站以交友的名义与受骗者初步建立"感情",然后以缺钱等名义让受骗者为其汇款,最终失去联系,骗得款项多被用于个人挥霍消费。本案例中,女大学生小青在连对方真实身份都没有搞清楚的情况下,仅凭冲动的情感、初步的印象即与对方深度交往,最终只能是被骗财骗色,自食苦果。

典型案例5

2013年12月5日,某高校化学学院学生张某,在宿舍收到一手机信息,称其之前在淘宝网上购买的商品,因厂商搞宣传让利可以部分退款,链接网站进行联系。事主十分惊喜,便按对方提示登录该链接,并按要求填写了个人信息,后发现自己网银中少了820元。

案例分析:此类诈骗可以用两句话来形容:"钓鱼"信息携"好运",恰似天上掉"馅饼"。

本案例中的大学生张某即遭遇了其中的一种"馅饼"——网络购物返利中,犯罪分子利用中奖、返利、顾问、对账等内容的欺骗性的电子邮件和伪造的互联网站进行诈骗活动,获取受骗者金融账号和密码等财务信息进而窃取资金。犯罪分子也可能通过发送含木马病毒邮件、在相关网站上"挂马"等方式,把病毒程序传播、置入用户计算机、手机等信息化终端系统内,一旦客户用这种"中毒"的终端机登录QQ、微信、网上银行,其账号和密码也可能被不法分子所窃取,造成客户的资金损失。

俗语说:"人见利而不见害,鱼见食而不见钩。"贪心,是绝大多数诈骗案件受害者共同的心理弱点。很多诈骗分子之所以屡屡得手,很大程度上也正是利用人们的这种不良心态。受害者往往被诈骗分子开出的"好处"、"利益"所吸引,对于诈骗分子的言行举止不加深思,不作分析,更想不到要去进行调查,见"利"就上,趋之若鹜,最后"捡了芝麻,丢了西瓜",甚至是"赔了夫人又折兵",教训十分惨痛。

典型案例6

2013年9月8日,某市高校一女生在宿舍上网时,其QQ同学分组里的一头像不停闪动,闲聊几句后,该"同学"即以最近自己支付宝银行卡有点问题,无法网购为由,拜请其帮忙在淘宝网上买东西。事主见同学难得开口,也未作电话求证,便按对方要求在淘宝网上一个叫水歌数码的店铺花975元购买了15张面值100元的京东礼品卡,后事主与同学联系,却被同学告知QQ此前被盗,求助并非本人,方知受骗。

案例分析:这类案例为数不少,大学生上当受害的不在少数。亲友、同学间帮助是无可厚非的,也是应该的,但必须进行电话或者当面证实,仅凭QQ或者微信上的请求就轻易打款代购,实在是过于轻忽。如果事前通个电话亲自证实一下再采取援助,也不会使双方感情有任何影响,犯罪分子也就无机可乘。

典型案例7

小孙原是某学院一名大专毕业生,因为觉得自己学历不高,在毕业后参加了自学考试。十几门课程大多已经考过,再考三门就能拿到本科毕业证。为此,小孙竟耍起了花招。2011年1月5日,小孙上网搜索了一些代考网站,最后选定了一家名叫"树人教育"的代考网并加了他们的QQ。对方告诉她单科代考800元,一次不过则双倍赔偿。小孙当时心里很急,就一口答应。随后,代理人告诉小孙,他们的机构总部在北京,"枪手"遍布全国各地。"他还让我通过QQ传过去一张照片,然后他们会为我选一位本地的长得跟我差不多的人去替我考试。"小孙害怕自己被骗,就说想跟"枪手"先见个面。机构的工作人员称,得先汇给他们50%的定金,才能让小孙和"枪手"见面。小孙给他们汇去400元后,双方约定于当天下午3点半在火车站附近的肯德基店前见面。

下午3点30分许,小孙在肯德基门口等了好一会儿,始终不见"枪手"踪影。就在小孙觉得自己可能被骗时,接到该机构一名女子打来的电话。对方操广东口音,告诉小孙暂时还不能让"枪手"和其见面,怕被警察抓,还说害怕小孙是警方卧底,想见面得再交6 000元保证金。本就生疑的小孙更怀疑这帮人是骗子,就说"那我不用你们代考了,把那400块钱还给我"。随后,那位代理人员说,先前汇给他们的钱暂时不能退给小孙,因为公司有规定,每个月15日结账,15日之后才能给小孙退钱。

9日考试,考完后谁知道能不能找到他们,更别提他们退钱了。小孙感觉被骗,她说:"像我这样投机取巧的人肯定有,希望大家能够以我为戒。"

案例分析:与其临渊羡鱼,不如退而结网。每个人都有自己的目标理想,谁都希望获得成功,希望摆脱贫困和平凡,浮士德尚且愿意用灵魂交换欲望成真,普通的学生也希望获得通往成功的捷径,但成功还是要通过自己脚踏实地的主观努力去争取。有些学生喜欢急于求成,不愿脚踏实地。比如为了考试过关,不愿走钻研正道,却转思另辟"蹊径",寻找"枪手"或求助"高人"。正有求于人,而"刚好"有人愿意"帮忙"时,便完全放松了警惕,表现得急不可耐。对方提出要求,自己唯命是从,积极自觉地满足对方的要求,生怕不如对方的意,从而步入陷阱。

大学生朋友们,像小孙这样的糊涂心思不能有啊!找的是"枪手","中弹"的却是自己。

典型案例8

2013年5月5日,某市一高校的一名女生在上淘宝网时,看中了一条漂亮的裙子,但在交易时却发现淘宝账户交易出现异常。

不久,该女生接获一自称是"淘宝客服"的女子打来的电话,告知其按该交易的备注进行操作,后事主便按对方要求将其银行卡的账号、密码、账户余额、手机验证码等信息输入备注,后发现其银行卡内6 303元人民币被划入对方淘宝账户内,女生此时恍然,方知被骗。

案例分析:随着当今信息化的发展,诈骗分子利用互联网的网上购物等发布虚假信息,设下骗局,千方百计地套取受骗者银行账号、密码、手机验证码等财务信息,盗取账户资金,大学生受骗上当不在少数。

事主在互联网上购买商品时发生的诈骗案件,其表现形式有以下几种:(1)交易故障补救。(2)假链接、假网页。(3)拒绝通过第三方安全支付。(4)收取订金或保证金才发货。(5)各种理由要求多次汇款。(6)劣质、低廉的山寨产品冒充名牌。

本案例中,如果该女生在遇到被要求提供自己账务信息等重要的安全数据时,能够暂缓听从对方的蛊惑之词,留个心眼主动去拨打淘宝的官网客服进行沟通证实,就可以避免金钱损失。

● 典型案例9

2013年9月22日,某高校一女生在宿舍内接到一信息,信息内容是:"您好,您有一个快递包裹已到达,请速联系领取。"后事主依照信息中提示的联系方式与对方联系,却被对方告知包裹内有毒品,已向某市公安局报案,并给了其一个联系电话。稍懂法律的该女生惊慌不已,担心自己受到莫名其妙的牵连,随即拨打了该号码,对方自称某公安局陈警官,并说事件系该女生个人信息外露引起,让其将银行卡上的钱转入国库账户,心怀忐忑的事主便到银行去汇了款。

案例分析:这其实正如中国人民公安大学王大伟教授所说,骗子打的是震撼牌。以害震之,如车祸、碰瓷、银行卡透支、涉不法事件受司法机关追查等。据警方介绍,此类恐吓信息诈骗案件基本都是个人信息被泄露后,不法分子便编造身份给受害人打电话,并谎称受害人或其亲属突然遇到意外,或在工作或生活中得罪了人,要出钱进行救治或者摆平,否则将有生命危险或者牢狱之灾,深陷不利之境。利用受害人突遇意外的大脑空白期,急于花钱买"平安"的心理实施诈骗。在这种情况下,只要受害人有一丝动摇,他就会不断打电话,并给受害人发短信进行恐吓,同时发来银行卡号索要汇款。在此案例中,犯罪分子采用谎称受害大学生包裹涉毒,诱导其花钱"消灾"的手法,骗取其钱财。正所谓"灾雷"突响人震惊,悚然失措买"安宁"。

这类诈骗案件,确实源于受害人个人信息泄露,犯罪分子往往正是看中了大学生涉世不深、处置无经验的弱点,有针对性地作案。要避免受害,其实很简单,如果知道自己没有涉及这类事情,不要慌张,及时向学校和老师报告,就不会上当。

典型案例10

2012年10月17日,《中国消费者报》报道山东省公布了网络教育八大典型案件,其中枝蔓遍布全国的特大网络传销组织"斐梵国际"发展会员15万人,涉案金额高达14亿元。

斐梵国际有限公司以电子商务为名,架设了菲玛特网上购物商城网站,要求参加者购买化妆品、美体内衣等专柜套餐产品取得加入资格,然后以每个会员直接、间接发展下线的数量作为返利依据。截至2012年4月,发展会员15万人,涉案价值高达14亿元。同年5月,公安机关成功将其摧毁。据了解,抓获的传销骨干分子中有为数不少的在校大学生。

案例分析:目前传销活动屡禁不止,常常采取各种动听的名目借尸还魂。受害人群中有为数不少的大学生,他们大多来自农村,家庭较为贫困,一旦被骗,无法索回交出的钱,但又想挽回损失,于是越陷越深,不能自拔。从传销组织角度看,其使用的"洗脑"方法切合大学生的心理需求,编造的谎言迎合了社会阅历浅、叛逆心理强的大学生们的完美幻想。从社会环境看,人们对传销的认识不够深入,对直销和传销的区别知之甚少,尚缺乏全民抵制传销的社会氛围。

第二节 防范措施

大学生被骗案件的频频发生,给大学生身心健康和财产安全造成了明显损害,严重影响了受害大学生的学习和生活。为了维护大学生的人身和财产安全,保障大学生的学习、生活秩序,社会、学校和大学生等各方面必须采取相应措施,防止类似事件再次发生。

一、增强自身防范意识

1. 警钟自鸣,珍视自我保护

社会环境千变万化,大学生必须尽快适应环境,学会自我保护。要积极参加学校组织的法制和安全教育活动,多了解、多掌握一些防范知识,这对自己有百利而无一害。在日常生活中,牢记"天上不会掉馅饼,地上不会长黄金",切勿生贪财之念,做到不图便宜、不贪小利;在提倡助人为乐、奉献爱心的同时,要提高警惕,对陌生人不可轻信,不随便将个人有效证件或贵重钱物,如手机、银行卡等借给不认识的陌生人使用,以防被冒用或携走;不轻信花言巧语、小广告或网上勤工助学、求职应聘等信息;不随便将自己的个人信息(手机号码)、资料如存折(金融卡)密码、家庭成员的住址、电话号码等告诉他人,以防被人利用;不通过非正常渠道谋求择业和出国(境);在公共场所如车站、码头、机场等处打电话时,注意防范他人偷听;到自动提款机取钱,输入密码时避开别人;发现可疑人员要及时报告,上当受骗后在保障自身安全的前提下,要及时报案、大胆揭发,使犯罪分子受到应有的法律制裁。

2. 谨慎交友,重情但不逾理

人的感情是主体与客体的交流,既是主观体验也是对外界的反映,本身应该包含理智成分。生活实践中,如只凭感情用事,一味"跟着感觉走",则难免上当受骗,到时悔之晚矣。大学生交友受骗男女皆有,但主要发生在女生群体中居多。特别是现在处于网络时代,网络交友的问题便显得尤为突出。很多人喜欢通过网络认识更多的朋友,甚至是做男女朋友。网络为人们提供交友平台的同时,也给一些不法分子提供了作案的机会。以网络交友的名义骗财骗色(特别是女性)的案件也不在少数,受害人往往事后担心隐私外泄遭人耻笑而羞于声张。

交友最基本的原则有两条:

(1) 择善而从

真正的朋友应该建立在志同道合、高尚的情操基础之上,是真诚的感情交流而不是简单的利益交换,要学会彼此了解、理解和谅解。

(2) 戒交损友

所谓损友,是指对自己有害的朋友,或是对自己品行产生不良影响的朋友。戒交损友就是要做到:戒交低级下流之辈,戒交挥金如土之流,戒交吃喝嫖赌之徒,戒交游手好闲之人。与人交往要区别对待,保持理智。对于熟人或朋友介绍的人,要学会"听其言,察其色,辨其行",切不可"一是朋友,都是朋友",甚至"四海之内,皆为兄弟"。对于初相识的朋友,不要轻易肝胆相照,更不能言听计从、任其摆布。对于那些"来如风雨,去如烟尘"的上门客,态度要热情、处置要小心,以避免给犯罪分子创造作案条件。

3. 团结同学,加强沟通交流

调查显示,很多陷入传销组织的大学生性格比较内向,不爱说话,朋友少,容易相信别人。在学校,他们没有成就感,而在传销组织中,他们找到了这种幻觉。在大学里,无论什么学院和专业,班集体总是校园中一个最基本的组织形式。在这个集体中,大家学习目标相对统一,生活节奏基本一致,有共同的生活环境与情感基础。作为大学生来说,要倍加珍视同学间、师生间的友谊,相互间多沟通、常互助。有些同学倾向于把个人之间的交往看做是隐私,但要明白,彼此交往不可能存在绝对保密。有些情况,在自己认为适合的范围内适当透露或公开,更符合安全需要,特别是在自己觉得可能会吃亏上当、拿不定主意时,暂缓做决定,留哪怕是一个晚上的时间,与老师、同学进行沟通,或许就会有所帮助,从而免于受害。

4. 服从管理,自觉堵塞漏洞

为了加强校园管理,学校制定了一系列规章制度。制度,总是对人们的行为有所约束,在执行过程中可能会给同学们带来一些不便,但却是必不可缺的。比如遇到陌生人到校园或者宿舍区上门推销物品,一定要向学校有关部门报告。又如,认真复习迎考,不动找"枪手"替考的歪念头。绝大多数校园管理制度都是为控制闲杂人员和犯罪分子混入校园作案,以维护学生正当权益和校园秩序而制定的,是安全实践的经验总结,往往行之有效。因此,同学们一定要认真执行有关规定,自觉遵守校纪校规,积极支持有关部门履行管理职能,并努力发挥出自己应有的作用。

5. 增强个人信息保护意识

每个人的个人信息都是个人的隐私,一旦被骗子获得便给他们行骗提供了方便。保护好个人信息,防止泄露,要注意以下六点:

(1) 在网站上注册账号要谨慎填写个人信息,不是必要的信息尽量简化,经常更换密码;电话号码、身份证号码的数字之间可以用横线隔开,避免被搜索引擎搜到。

(2) 在与陌生人网上交流时,不要泄露自己的电话、地址、照片等信息。

(3) 上网评论朋友的微博、日志、图片时,不要随意留下朋友的个人保密信息,更不要故意公布他人的个人信息。

（4）在处理快递单、账单等各种废弃纸质单据时，最好先涂抹掉上面的所有信息，或者将其撕碎。快递尽量寄到上班处或小区门口，不要留具体的门牌号，收件时尽量约在值班室、保安室等人多的地方。

（5）在一些被要求提供个人信息的场合，要仔细判断是否必需和是否具有安全保护措施。在手机中存储家人的电话号码，最好不要用"爸爸"、"妈妈"、"女儿"之类体现关系的称呼，直接用对方名字存储比较好。

（6）身份证、驾驶证等体现身份的证件丢失要及时挂失和补办，以防止不法分子有机可乘。

二、了解常见防范技巧

诈骗案件是靠诈骗分子虚构情节、编造谎言、隐瞒真相，取得被害人的信任后，让被害人自动交出钱物，从而达到骗取钱物的目的。诈骗作案手段因时间、地点、条件和对象不同而异，防范方法也各不相同。

1. 防范"培训"诈骗

不兑现广告承诺是目前大学生培训投诉的主要内容。主要表现在：有的培训班在广告中宣称"接受培训后可以100%上岗"、"一周内学不会全额退款"等，实际培训过程中却不兑现承诺。有些培训机构缺少教学信誉，常有培训主办方不按约定时间开课、中途无故停课、培训班教师频换且教学水准不高等现象。

应尽可能找一些办学多年、信誉高的培训机构。报名前一定要充分了解培训机构的情况，有无办班或办学的资质，合作办学的要看清主办方资质，以及有无办班或办学许可证；报名前应仔细阅读章程，看有无超范围经营；细读协议条款，要认清与谁签协议，也即协议主体须明确，关系到谁来履行，找谁承担违约责任等根本性问题，做到心中有数。最后，要及时索要正规发票，注意收集、保存招生简章、对方负责人身份证号码等有关资料，一旦出现争议，维权时也好有据可依。

2. 防范"求助"诈骗

骗子经常利用学生的同情心行骗,主要有以下方式:一是自称来自某著名高校,前来旅游时与同伴失散,取款时卡又被取款机吞了,没钱回去于是借钱;二是称没钱坐车回去或没钱住宾馆;三是称要毕业了,需要立即给实习单位发传真,可身上的钱又未带足;四是谎称有亲人或者同学生病或出车祸,急需用钱;五是看到学生刚取了款,以借电话卡为由慢慢与之套近乎,然后说出最终意图——借钱。他们都会将自己的联系方式、学生证、身份证拿给学生看并索要学生的联系方式和卡号等,信誓旦旦,表示以后一定会还钱。

俗话说:"害人之心不可有,防人之心不可无。"所谓"防人",并不是要搞得草木皆兵、人心惶惶,关键是要有这种意识。对大学生来说,遇人遇事,应有清醒的认识,对于任何人,尤其是陌生人,做到不轻信不盲从,学会观察和思考,在此基础上做出正确的反应。诈骗犯罪分子总是心虚的,要仔细地观察对方的语气表情、举止动作的变化,看对方的言谈、所持证件材料与其身份是否吻合,借以辨别真假。也可以与熟人商量,听取意见和忠告,还可以通过对方提供的电话、资料予以查证核实。特别是遇到同学朋友通过发信息或在聊天软件借钱或托办事项时,最好通个电话进行证实。在发现疑点但无法确定真假时,要采取一定的谈话、交往策略有礼有节地予以婉拒。必要时,还可以采取一些吓唬的言辞,柔中有刚使对方心存顾忌,不敢贸然行事。

3. 防范求职诈骗

求职诈骗手段主要有几种方式:

(1) 不法机构以某人才市场分部或分公司的名义,以包推荐工作为名,收取求职者报名费、推荐费或押金,使求职者上当受骗。

(2) 招聘单位"无限期试用"。由于试用期人员底薪通常比正式员工少,劳保用品、物质奖励、各种保险和其他福利等又不与正式职工同等享受,因此,一些用人单位为降低人力资源成本,大量招募短期员工,且不签订劳动合同,待试用期满,就以各种各样的借口予以解雇。这样一来,求职者辛辛苦苦给单位低薪干了几个月,然后被扫地出门。经验表明,有这样做法的企业往往并不是真正需要人才。其表现有两大特征:一是会很快就提出签订劳动协议,然后马上开始工作;二是一次招收的学生数量比较多。

(3)不法分子与不法医院、医疗所勾结串通,以"招聘"、"体检"为名,告诉求职者已被录取,要求职者到指定医院体检,待求职者交纳数十、数百不等的体检费用后,或让求职者等待录用通知,或说求职者身体不合格,最终给求职者带来损失。

(4)名为招工,实为传销。

防范求职诈骗要做到以下几点:

(1)最好去正规人才市场或者通过学校毕业生就业指导机构求职。网络求职最好在招聘网站上找招聘信息。招聘企业如果用的是企业邮箱就比较可信,如果是公共邮箱、门户网站的免费邮箱就要小心。但是也不排除一些刚起步或者比较小的公司直接打电话招聘的,可以查下他们电话是不是座机,一般小公司多是从公司所在地城市招,而不是千里迢迢去外地招聘。

(2)不要轻易掏钱,多咨询观察。回避问题、急着收钱的单位,多半是"黑中介"、"黑企业"。最好通过学校学工处或有兼职经验的同学、朋友介绍工作。在通过校外中介寻找工作时,如对方提出收取服装费、押金或以其他方式变相收钱的,很可能是骗局。在网上寻找兼职工作时更要格外小心,如遇要求汇钱交保证金,千万不能相信,必要时及时报警。

(3)签合同。应聘成功,应与兼职单位签订劳动合同,以书面形式确定具体工作时间,确定工资数额、工资支付时间及方式、对方违约责任等,保护自己的权益,切勿轻易相信口头承诺。

(4)不要轻信路边的招聘信息(广告)。

(5)抵制高薪诱惑。越是"常年招聘"、"高薪急聘"岗位,越要小心。

4. 防范信息诈骗

从电信诈骗诞生之日起,骗术就在不断花样翻新。每过一两个月,警方就会接到新的"骗术"案件举报。近年来,江苏警方接报的电信网络诈骗就有 20 多种,其中又以下面 10 种形式最常见。

(1) 骗术一:

利用 QQ 盗号冒充亲友聊天诈骗。

● 支招:眼见不一定为真,打个电话确认下就可辨别真伪。

(2) 骗术二:

虚构网络游戏装备及游戏币交易诈骗。

● 支招:不轻信网游中的一些"战友",尤其警惕先付款后交货的交易方式。

(3) 骗术三:

克隆银行官方网站"钓鱼"诈骗。

● 支招:登录银行网页时务必检查是否为官网,同时管好自己的网银证书,避免用公共计算机进行交易。

(4) 骗术四:

网上购物诈骗,利用虚假链接,交易不成功,先收订金后编理由追加订金,用假冒、劣质、低廉的山寨产品冒充名牌商品等。

● 支招:选择有信誉度的购物网站,不贪便宜,尽量使用支付宝、U 盾等安全支付工具。

(5) 骗术五:

网上中奖诈骗。

● 支招:千万不要相信"天上掉馅饼"。

(6) 骗术六:

冒充国家机关工作人员诈骗。

● 支招:记住,凡自称是国家机关工作人员要把钱汇入安全账户的,都是诈骗。

（7）骗术七：

冒充亲友以车祸、嫖娼、吸毒被抓诈骗。

● 支招：直接给亲友打电话核实身份。

（8）骗术八：

"黑社会"绑架恐吓诈骗。

● 支招：用最短时间与"人质"亲属联系核实，揭穿骗局。

（9）骗术九：

以购车、购房退税名义诈骗。

● 支招：退税时税务部门会在报纸、电视等媒体公告，不会电话通知。

（10）骗术十：

群发银行卡透支、消费短信。

● 支招：拨打银行客服咨询，不要通过诈骗短信提供的电话咨询。

碰到可疑短信后怎么办？

首先，是识别虚假短信的样式。欺诈短信中"银行卡管理处"、"联合管理局"、"国家财政中心"等机构根本就不存在，收到这样的短信后请务必小心。

其次，识别虚假短信中的银行卡交易信息内容，虚假短信中绝对不会包含发生交易的银行卡卡号等信息。

第三，看到要求用户关机这类短信必须多长心眼。一个识别方法，如果是运营商发来的短信，那么必然有一个特定的服务号，如移动是"10086"、联通是"10010"、电信是"10000"。

第四，对于声称银行账号泄密类的信息，除非用户和银行签订了订购这方面信息的服务，否则不会无故收到这类短信。也就是说，如果没有订阅相关的短信服务而收到了这类信息，则必然是诈骗。如果是银行发送的正规短信提示，一般都会在信息内直接标示用户的账号信息，例如"您的银行账号后几位是×××"或者"您的交易额为×××"等，表明对方已经掌握了用户的确切信息。

用户也不妨多长个心眼,直接致电银行热线咨询具体情况,不要随意将自己的账号密码回复过去。

第五,对于热情洋溢的点歌类短信,回拨过去极可能是一个收费的声讯电话。真假短信之间大有区别,移动运营商正规点歌业务,都会在短信内提示为用户点歌的朋友的手机号码,用户会很清楚是哪位朋友为自己点了歌,而不是陌生的号码。

第六,对于中奖类信息,如果对方是群发的,并没有什么针对性,那么只要记住"天上不会掉馅饼",就可以了,千万不要起贪心去求证。万一拨了虚假短信中所留电话,可以反问对方是否知道自己的手机号或卡号,由于虚假短信的发送是随机的,所以诈骗分子一般无从知道。

第七,对于震撼类信息,如果对方似乎知道自己个人或者家庭成员的基本情况,那么首先不要急于相信,一定要考虑是否是个人信息外泄了,对对方所说事项要进行反复证实,必要时向师长同学求助,如果对方进行恐吓,要及时向学校或者政府有关机关求助,否则会深受其害甚至会越陷越深。

5. 防范电话诈骗

电话诈骗是犯罪分子最常用的手段,尽管冒充的身份在不断变化,但目的都是通过电话沟通,引人上当。江苏警方将电话诈骗惯用的"开场白"归纳为10种情况:

(1) 银行卡汇款诈骗——我的银行卡丢失(或银行卡磁条坏了),请将钱汇至另一张银行卡上。

(2) 冒充公安诈骗——我是某电信(公安局、检察院)的,您的电话已欠费,而且您的银行账户涉嫌洗钱、诈骗等犯罪,请配合。

(3) 电话欠费诈骗——您好,这里是某通信公司客户服务热线,由于工作失误,您的电话费这几个月共多收××元,如确认退费请按×。

(4) 猜猜我是谁诈骗——喂,猜猜我是谁? 我是你老朋友哎!

(5) 刷卡消费诈骗——顾客您好! 你已经在某超市透支消费。

（6）手机短信诈骗——请把钱打到银行卡里，卡号是×××
×，收款人×××。

（7）帮助贷款诈骗——免费提供长期贷款，无担保，立等可办。

（8）虚假中奖诈骗——恭喜获得某公司十周年庆典抽奖活动×等奖，公司电话×××××××××。

（9）代理炒股诈骗——电脑预测彩票中奖号码、推荐代炒股票保证盈利，不赚不收费。

（10）购车退税诈骗——我是×××局，现在国家下调了购车附加税率（购房契税），向你退还税金。

防范电话诈骗最重要的是：切记不要按照电话中人的话去进行任何财务操作，如有疑问，应及时到银行柜台、客服中心或权威部门去咨询或者向身边的老师、同学、朋友寻求帮助意见。主要发卡银行和中国银联的客服热线多是以955开头的五位数，如工商银行95588，农业银行95599，中国银行95566，建设银行95533，交通银行95559，中国银联为95516等，只有邮政储蓄银行、上海银行等极少数银行有所不同。

6. 防范网络诈骗

随着网络经济在全球的发展，各种大大小小的经营型网站越来越多地出现在人们面前，"轻松赚钱的网站"、"加入×××，一个月赚30万"、"我在网上赚了3 000美金"——这些诱人的宣传里，哪个是馅饼，哪个是陷阱？虚拟的网络世界里，鱼目混珠、泥沙俱下的情况不可避免，中奖、让利、代练、升级，网友只要一不留神很可能就中招。近期以来，克隆网站骗钱、假支付宝网站"偷"钱等网络诈骗的案件越来越多。网络中的许多骗术并不高明。

公安部门认为，网络诈骗一般都是利用欺骗性的电子邮件和伪造的互联网站进行诈骗活动，其中网络"钓鱼"必须通过获得受骗者财务信息来窃取资金。网络诈骗一般有以下几种手法：

（1）不法分子大量发送欺诈性电子邮件，邮件多以中奖、顾问、对账等内容引诱用户在邮件中填入金融账号和密码，或要求收件人登录某网页提交身份证号、信用卡号等信息,继而盗窃用户资金。

(2) 不法分子建立起域名和网页内容都与真正的网上银行系统、网上证券交易平台极为相似的网站,引诱受骗者输入账号、密码等信息,进而窃取用户资金。

(3) 不法分子在知名电子商务网站发布虚假信息,以所谓"超低价"、"免税"、"走私货"、"慈善义卖"等名义出售商品,要求受骗者先行支付货款达到诈骗目的。

(4) 不法分子在发送的电子邮件中或在网站中隐藏"木马"程序,在感染"木马"的计算机上进行网上交易时,"木马"程序即以键盘记录方式获取用户账号和密码。

大多数行骗者使用的还是网下骗子们惯用的伎俩,利用的是部分人急功近利的心理。只要人们保持清醒的头脑,不贪小便宜,谨记以下几点,一般就不会上当受骗。

(1) 网络购物一定要在正规的大网站进行,不要随意点击不安全网站或是卖(买)家提供的链接网址进行购物。

(2) 在正规网站购物一定要使用网站指定的第三方支付。

(3) 不要在非银行网页里输入自己的银行卡号、客户号及支付密码、动态密码等相关私人保密(重要)信息。

(4) 注意保留网上消费的相关记录,以备查询,一旦发现有不明的支出款项,应立即联络发卡银行。这里要注意的是,淘宝只以旺旺聊天数据为准,而不是以 QQ 为准。所以当聊天转移到 QQ 后,所有一切取证都是作废的。因为你的记录都不在淘宝,和淘宝完全没有任何关系。

7. 防范传销

近年来,非法传销组织向大学校园渗透的趋势愈演愈烈,他们利用大学生急于求职就业、实现自我价值等心理,以职业介绍、招聘兼职等手段为幌子,诱骗学生参与传销。一些深陷传销魔窟的学生不仅荒废学业,而且给其家庭带来深重的灾难。

应对传销须掌握"三招":一辨,二防,三举报。

(1) 要善于分辨传销形式,识破其真实面目。如被骗到外地,到达当地后朋友绝口不谈工作、生意,而是带你游山玩水、熟悉环境,所谓放松;要看你的身份证、借打你的手机;等等。发现情况不对时,一定要机智、冷静应对,在确保自身安全的情况下设法逃脱,如果发现该组织从事传销活动证据确凿,应设法与当地公安机关、工商行政管理机关取得联系,及时举报。

(2) 要了解传销组织惯用骗术,防止上当受骗。

(3) 要积极举报,让传销远离自己的家人和朋友。如有亲戚、朋友被骗往异地从事传销,首先应当积极做好亲戚、朋友的思想教育工作,劝说其尽快脱离传销组织;若劝说无效,应当设法弄清其所在详细地址,并及时向当地公安机关、工商行政管理机关举报。

如果大学生发现了传销行为或传销活动受害者,应尽可能积极收集有关线索,包括上课的具体地点、时间,传销头目、骨干和参与人员的宿地,公司名称,其具体运作的方式及书证、物证等,向执法机关举报,以便及时、准确、有效地打击传销行为。

第四章　心理障碍的预防与调适

　　心理障碍是在特定情境和特定时段由不良刺激引起的心理异常现象。当前,由于各种原因,大学生心理障碍问题日益凸现,有的学生为此付出了惨痛的代价。因此,引导大学生注意心理健康安全,预防心理疾病,解除心理障碍,提高心理健康水平,学会心理调适,以最佳的状态对待人生和世界,使其在遇到困难、挫折或处在人生难以逾越的低谷时,能够很好地疏导自己,化险为夷,度过生命中的困难时期,乐观向上地生活,健康地成长,十分必要。本章通过对大学生心理障碍的典型案例及大学生心理障碍情况分析,提出大学生心理障碍的防范与调适的措施。

第一节　案例与分析

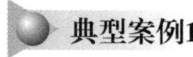
典型案例1

　　黄某,2012年9月以优异的成绩考入江苏省某知名高校。高中期间,她是大家公认的好学生,因学校离家近,高中时她一直住在家里。考上大学后,她怀着美好的憧憬开始了住校生活。可是,她遇到了很多无法解决的问题,每天的课时安排没那么满了,有很多空闲时间不知道做什么;晚上想早点睡觉了,可是还有室友在学习娱乐。渐渐的,她开始不爱说话,班级和学校的活动也不积极参加,无心学习,跟同学的人际关系也不好,每天都一个人浑浑噩噩地过。更为严重的是,她几乎整夜失眠,最后不得不去医院检查,诊断结果她患了抑郁症。

案例分析：大学生中有抑郁现象的比较多。究其原因，很大一部分是源于刚进入大学，对大学生活不能适应。同时，因为现在好多大学生都是独生子女，缺乏与人沟通的经验，遇到问题找不到合适的解决途径，就把一切闷在自己心里。这样的学生一般情绪都比较低落，不爱搭理人，对任何活动都不积极、没有兴致，时间长了，容易造成心理负性情绪集聚，对学习、生活造成影响，严重的则会患上抑郁症。正确的方法是合理科学安排时间，积极参加文体活动，融入集体生活，努力丰富大学生活。

典型案例2

2013年6月，广西某高校一名大一女生在出租房内企图割腕自杀，所幸室友及时发现并报警才得以获救。据了解，该女生姓黄，事发前一个星期刚和男朋友分手，导致其情绪一直很低落，沉浸在分手的痛苦中无法自拔，还经常把自己关在房间里不吃不喝。跟她合租的室友一直关注她的一举一动，当听到房间里传出不正常的声响时，就立即敲门，在得不到回应时马上报警求助，所幸采取的施救行动及时，在室友和警察的帮助下，把该名姓黄的女生从鬼门关拉了回来。

案例分析：大学生在学校期间谈恋爱是非常普遍的事情，谈恋爱出现波折也很正常。大学生一定要用正确的态度对待感情问题，这对于其成长是非常有益的，也是大学生本身成长的需要。如今很多大学生心理承受能力脆弱，无法正确地处理感情问题，容易偏执、想不开、钻牛角尖、走极端。一旦遇到某些感情挫折，就很可能做出不理智的行为。爱情应该是双方心灵的碰撞，爱情必须以尊重对方选择和珍惜生命为前提，如果对方变心或对方认为不合适，放手并给予对方祝福是最好的方式。

典型案例3

2011年10月16日,一起令人震惊的血案发生在上海某高校。该校计算机系大二学生杨某持刀将同一宿舍的韩某刺伤,经医院抢救无效死亡。据了解,两人是因为宿舍的床铺问题而产生了一些摩擦,发生了口角,韩某在事件中占了上风,杨某一时气不过随手持刀刺向韩某,导致悲剧的发生。

案例分析:大学校园暴力看似是一种个别的简单的社会现象,其实具有复杂的社会心理背景。当今社会节奏加快,人变得更加浮躁,遇事缺乏冷静的态度,只图一时之快,社会道德约束的力量早已显得很弱了。在这样的背景下,还不够成熟的大学生的心理很容易被扭曲。本案中,舍友发生口角在常人看来只是一件小事,但在案例中的杨某看来却是一件大事,因吵架自己处于下风就觉得自己身心受到了伤害,于是本能地产生了愤怒和攻击。但他不是以一个社会认可的方式发泄,而是采取一种极端行为,导致了悲剧的产生。生命是宝贵的,是至高无上的,一些小争执比起生命,那是太微不足道了,一旦失去生命,将无法挽回!

典型案例4

2012年9月陈某考入河北某高校,但在2013年10月被发现在宿舍内用上吊的方式结束了自己年轻的生命。据了解,陈某家庭比较困难,上学期间,辅导员和同学们都很理解他的家庭情况,平时关心照顾也很多,在评选助学金的时候对其给予了特殊照顾。他大一学年获得一等国家助学金,大二学年本来还将获得一等国家助学金,但陈某平时性格相对孤僻,不爱说话,喜欢看一些心理方面的书籍,谁也没有想到他会选择放弃自己的宝贵生命。

案例分析:大学生现在面临的压力较大,特别是家庭贫困学生,经济条件差,心理负担重。首先,随着大学生人数的扩招,就业形势不容乐观,一些学生在入学的时候就对就业问题产生担心;其次,家庭对学生前途所定的目标过高,有的学生有一种为家长读书的想法,苦恼于将来要如何报答家长;有的是给自己定了一个不太符合实际的目标——考研或考公务员,导致压力特别大,现实与理想产生很大的心理落差。这需要学生找准自己的位置,要正确评价和认识自己。无论怎样,知足常乐是不变法则,珍惜生命,不好高骛远,脚踏实地学好自己的专业,完成学业,毕业后努力工作才是最好的出路。

 典型案例5

2012年1月,北京某大学公寓,一名大四男生从三楼坠下,在送往医院途中死亡。据了解,该同学姓姜,学计算机的,是家里的独生子,最近一直在准备考研,有着一颗积极向上的心。可是谁也没有想到他会因承受不住考研的巨大压力,选择在考研的前两天,以跳楼的方式结束自己年轻的生命。

案例分析:自杀是一种极端行为,原因很多。现在大学生压力要比以前大得多,可采取努力学习、积极参加社会活动等方式缓解压力。如果没有一个好的渠道去进行缓解,可能就会产生人生比较失败的消极想法,也可能会使从前失败的痕迹与现在的失败产生共振,让这样一种能量成几何级数扩大。在某一个时候,这种能量积聚会作用于自身,自杀成了自身的需要。还有的是目标和自身能力产生差距,没有正确认识自己,摆正心态,负面心态一直积聚,到最后也可能完全否定了自己,而寻找自杀这种解脱方式。某个人如果把这样一种情绪放在了一个点上,压力会越来越大,最后发泄出来,酿成大祸。现在许多学生都是独生子女,从小没受过挫折,面临压力就会选择逃避,这是一种很危险的心态。

典型案例6

张某,重庆市某大学一名大二的学生,平时在学校不爱说话,性格比较孤僻,对学校的活动也不热衷,经常一个人独来独往,学习成绩在班级里很一般。晚上睡觉时，经常睡不着，睡着以后也经常做噩梦。虽说正处于精力充沛的青年时期，可是给人的感觉却一点都不阳光。据了解，张某父母感情不好，在他高中时期协议离婚，如今都已组建新家庭，张某跟着父亲与继母一起生活，故造成张某如今的性格。由于张某内心总是缺乏安全感，对周围的一切既害怕又有着强烈的不信任感，所以他在大学里总是显得与周围同学格格不入，自己孤独痛苦的同时不知道该如何去排解。

案例分析：离异家庭大学生的心理健康问题一直备受学者们的关注。事实上，在大学校园里确实存在着这样的一个群体，他们不同程度地存在着心理问题，只是基于这样那样的原因外人不容易知道。家庭离异造成很多大学生性格比较孤僻，缺乏自信，因缺乏家庭的温暖而没有安全感。这些心理问题的存在，直接影响大学生的学习和生活，也使自己的很多潜在优势未能得到有效的发挥，给自己造成伤害的同时对社会也是很大的损失。学校和社会应建立联合机制，给离异家庭的大学生予以特殊的关照，帮助他们健康成长。作为大学生，要努力不受家长离异的影响，好好学习，培养积极乐观向上的人生观。

典型案例7

2012年7月10日，甘肃某大学一女大学生跳楼自杀，当场死亡。据警方调查：该同学平时性格内向，与人交往很少，7月9日上午，该女生在考试中被巡考老师发现作弊，巡考老师按规定终止她的本场考试，并让她离开考场。由于考试作弊，该生思想压力较大，当日晚从学生公寓楼道窗户跳楼身亡。

案例分析：该同学在人格特质和个性品质上存在缺陷。这类人性格表现为内向、自卑、悲观、脆弱、多疑、孤僻、偏激、固执等。其性格弱点很容易被不自觉放大成事物的负面影响，削弱个体对挫折的抵抗力，成为容易发生自杀的人群。大学生如同处在岁月四季的明媚春天，拥有春暖花开的幸福和温暖。可是人生难免遭遇各种各样的挫折,总有一些难以排解的无奈和缺憾,可能就是一念之差,一个生命就会在瞬间消失,留给亲人的不仅是一个离去的年轻背影,更是一份永恒的痛。当我们面对挫折,要像虫蛹破茧成蝶前要经历极大的痛苦的一样,平凡的生命是要经过苦难的磨炼才能非凡,生命也因此而厚重。相信风雨后总有美丽的彩虹,冬天过去春天还会再来,唯有生命不可逆,只有生命存在才能让自己美丽精彩!

第二节 心理障碍的预防与调适

一、心理障碍的概念

心理障碍是在特定情境和特定时段由不良刺激引起的心理异常现象,属于正常心理活动中暂时性的局部异常状态。

例如,当人们遭遇重大挫折或面临重大抉择时会表现出情绪焦虑、恐惧或者抑郁,有的表现为遭受挫折后的沮丧、亲人死亡后的悲伤,以及人际关系紧张引起的烦恼、退缩、自暴自弃,或者表现愤怒甚至冲动报复,往往是过度应用防卫机制来自我保护,且表现出一系列适应不良的行为。心理障碍也包括比较严重的心理活动紊乱。还包括由各种躯体疾病和各种物质(成瘾物质、某些药物或毒物)引起的继发性精神障碍,以及尚不知道原因的原发性精神障碍。如,精神分裂症、心境障碍、焦虑障碍等。

心理障碍几乎人人都可能遇到,如失恋、落榜、人际关系冲突造成的情绪波动、失调,一段时间内不良心境造成的兴趣减退、生活规律紊乱甚至行为异常、性格偏离等。

二、大学生心理障碍常见类型

1. 焦虑症

焦虑症是一种常见的神经症。焦虑症在其性格上有一定的特点,患病者大多胆小,做事瞻前顾后,犹豫不决,对新事物、新环境适应能力差,遇上一定精神刺激,很容易患焦虑症。据调查,世界上每五至六人就有一位属于已患、正患或将患焦虑症的人。患有焦虑症的人,常感到无明显原因、无明确对象、游移不定、范围广泛的紧张不安;经常提心吊胆,却又说不出具体原因。患者过分关心周围事物,注意力难以集中,从而使工作和学习效率明显下降。如大学生进入新的环境,各方面都要重新开始适应和调整。如果对自己期望过高,压力过大,凡事患得患失,时间长了,就会产生持续性的焦虑、不安、担心、恐慌,并且还伴有明显的运动性不安以及各种躯体上的不舒适感。

2. 狭隘与抑郁

狭隘与抑郁是一种不良的心理品质,轻的可以算作性格上的缺点,但是严重的狭隘与抑郁就是一种心理病态。心胸狭隘表现为:受到委屈或遭到贬抑后,思想上产生"意结",常常为一些小的意见和得失而烦恼,耿耿于怀,不能自拔;遇事好猜疑,斤斤计较,一天到晚疑神疑鬼,闷闷不乐,苦恼不满。抑郁主要表现为悲伤、绝望、孤独、自卑、自责等,把外界的一切都看成"灰暗色"的。有的大学生对枯燥的专业学习不感兴趣,对刻板的生活方式感到厌烦,为自己学习或社交的不成功而灰心丧气,陷入抑郁悲观状态。长期的忧郁状态会导致思维迟钝、失眠、体力衰退等,对个体危害是很大的。

造成大学生狭隘与抑郁的原因是多方面的。如:从小在家庭中受到歧视或虐待,在学校受到不公平的待遇,伤害了自尊心;生活上单调乏味,思想闭塞,缺乏必要的人际交往;特别是情绪长时间受到压抑,忧伤、苦恼无处发泄,或身体虚弱,家庭、个人遭到重大不幸等,都可以导致大学生性格上的缺陷,产生狭隘与抑郁。

3. 强迫症

强迫症是指患者在主观上感到某种不可抗拒和被迫无奈的观念、情绪、意向或行为存在。患有强迫症的人,明知某种行为或观念不合理,但却无法摆脱,因而非常痛苦。这种症状大多是由强烈而持久的精神因素及情绪体验诱发而来的,与患者以往的生活经历、精神创伤或幼年时期的遭遇有一定的联系。大学生患强迫症多与其性格缺陷有关,如缺乏自信,遇事过分谨慎,生活习惯呆板,墨守成规,常怕出现不幸,活动能力差,主动性不足等。

4. 神经衰弱

神经衰弱也是大学生中极为常见的心理障碍。它的特点是容易兴奋,迅速疲倦,并常常伴有各种躯体不适感和睡眠障碍。引起神经衰弱的原因,是长期存在的某些精神因素引起大脑机能活动的过度紧张,使精神活动的能力减弱。有易感素质和不良性格特征的人,更易患神经衰弱。大学生神经衰弱的发生,主要是缺乏面对现实的勇气和良好的适应能力,如学习负担过重、专业思想不稳定、个体自我调节失灵,对社会、对人生思虑过多,在家庭问题上、恋爱问题上犹豫徘徊等。所有这些在患者头脑中产生强烈的思想冲突,使得神经活动过程强烈而持久地处于紧张状态,超过了神经系统本身的张力所能忍受的限度,从而引起崩溃和失调。

5. 怯懦与自卑

怯懦表现为胆怯和懦弱,自卑表现为完全失去信心。怯懦与自卑的不同,表现为一般性的特点和心理病态。一般性的特点有:胆子小,信心不足。病态的表现为:怕见生人,一见生人就全身紧张,手足无措,唯恐别人笑话自己;做事瞻前顾后、畏首畏尾;自我感觉一切都不如人,对前途完全失去信心;整天情绪萎靡不振,软弱呆滞;喜欢独居幽处,不愿与人交往,孤僻寡言,意志消沉。造成大学生怯懦与自卑的原因有:在家中娇生惯养,受到过分的溺爱袒护,从而造成缺乏生活的独立性,一遇困难就畏难发愁。或由于个人智力较差,在学习和其他活动中遇到困难大,挫折的体验多,虽然经过努力仍是一次又一次地失败。或由于教师、家长不能客观评价学生的学习结果,致使学生多次遭受训斥和羞辱,造成学生有困难不敢讲,和教师保持距离,与同学产生隔阂,人际关系冷漠等。

长期处于这种情绪控制下,会使人变得越来越执拗,不听劝阻,自暴自弃,最终造成性格上的怯懦与自卑。

6. 狂妄与自大

狂妄与自大是对自己的品质和才能给予过高的估价而产生的一种虚狂的心理状态。它具体表现为:自以为是,任性逞能,头脑发热,忘乎所以,目中无人;自我评价过高,事事以"我"为中心,好极度表现自己;常常无休止地陈述自己的见解,听不进别人的意见,即使在事实非常明显的情况下,也要强词夺理或推诿于客观原因等。造成部分大学生性格上狂妄与自大的原因是多方面的,一是家庭过分溺爱、娇惯,导致部分学生长期习惯于支配别人、命令别人,而不懂得怎样与别人合作;二是个人天分较高,学习成绩突出,在同学面前有一种"众星捧月"的感觉;三是青年人具有较强的自尊心与好胜心,容易造成他们固执己见、争强好胜。由于这类学生在心理上过分自信,总认为自己的本领高人一等,自己的见解优于别人,因而严重地影响着他们的发展,阻碍着他们接受新的教育。

三、影响大学生心理健康的因素

大学生患有心理障碍的有两个规律:一是随着年龄的增长心理状况从简单走向复杂;二是随着年龄的增长心理障碍呈上升趋势。基于人与人之间特殊的生活环境、心理环境和生理环境,大学生心理障碍的主要形成原因可归纳为以下几个方面:

1. 认知因素的影响

大学生属于高智商群体,他们对社会和生活都有着自己的看法和理解,并且由于学习上的优越性,他们的言行在家里和社会上都能得到一定的尊重。然而他们由于自身的年龄和阅历的限制,加上他们在中学阶段受应试教育而导致的不合理的知识结构和对社会现象认识上的偏差,喜欢将各种问题进行绝对化,偏执地认为自己的各种想法完全正确,但当事物发展方向和自己思考的不一致(或者完全相反)时,就认为自己与社会格格不入,从而糟蹋自己或孤芳自赏或对社会产生逆反心理等障碍,这些都严重影响和干扰他们进行正常的人际交往,同时也阻碍了他们心理调节系统的正常发展。

2. 环境变迁的影响

对大学新生而言,主要表现为以下几个方面:

(1) 现实中的大学生活与理想中的大学生活存在着巨大的差异。在中学阶段,听老师讲述的大学是充满活力、生机蓬勃,只要考上大学,毕业后就不愁找不到工作。而上大学后,通过与高年级学生的接触,感到大学生的学习、生活与高中阶段一样存在着压力。大学课程多、难度大、要求高,学习进度快,而且毕业就业时实行双向选择,就业机制灵活,且受市场供需关系的调节,毕业生价值悬殊,学历层次不同收入差距很大。名牌大学和一般院校以及学科特色的强弱、专业的冷热、综合素质的高低都将在实际收入上有较大差距。这就需要在大学期间不仅要提高自身的专业理论知识,更要提高自身的能力素质、技术才华、思想情操和敬业精神,对于专业不够热的,还需要选修一些别的专业的课程。考虑到这些因素,有些新生就会产生学习焦虑症,还有些学生看到自己所学专业不是热门专业,情绪波动较大,牢骚满腹,怨天尤人,甚至自暴自弃,或对热门专业的学生产生妒忌、猜疑和敌视的心态,甚至采取不够理性的行为。

(2) 学习方式的变化带来的不适应。在中学阶段,由于有升学的压力,老师管得非常紧,学校也要进行"三天一大考,两天一小考",学习属于"压迫式学习",学习环境非常紧张。到大学后,没有升学压力,老师的管理也比较松散,虽然也有考试,最多也只有期中和期末两次考试,考试的范围基本上在老师的授课范围之内,只要把上课笔记弄懂了,就可以过关,平时学习只有靠自觉了。这种学习方式的变化,使得大学新生在思想上放松了对自己的要求,学习上得过且过,从而导致第一学期都可以过关,第二学期开始有补考,大二开始大面积补考,最后只要听说考试就头疼,导致"考试恐惧症"。

（3）角色转换带来的不适应:在高中阶段,能考上大学的学生（特别是名牌大学的学生）基本上都是学校的佼佼者,老师都特别关爱他们,同学们都围在他们周围,奉承他们。到大学后,发现周围的同学都是各个学校的尖子生,学习上的优越感一下子都没有了,并且不管怎么努力都无法成为班上的尖子生,从而会产生猜疑、压抑的心理障碍。据报道,某高校的一名女生就由于这种学习上的角色转换的不适应,而产生精神极度的压抑,最后不得不退学。

3. 家庭因素的影响

家庭是社会的细胞,是一个人同外部世界联系的第一个环节,是个人社会化的最初组织,而家长是人生道路上最早的启蒙老师。家长的心理状态、个性品质、学识水平、社会态度、教子方式、家庭稳定程度以及经济状况等,对大学生的心理状况有着直接的影响。有些家庭父母对孩子期望值过高,要求过严,管得太死,不给子女自由的空间,超出了孩子的个性能力,让孩子成天在一种高度压力下生活;有些家庭由于家长的学识修养、人文素质、文化道德水平不高,对待孩子的态度比较专制,处理问题简单粗暴、武断暴躁;有些家庭由于父母离异、家庭解体对孩子采取不管不教的态度,对他们的性格形成产生了非常不利的影响;有些家庭经济条件好,对子女过于溺爱、迁就和放纵,坐视不管,放任自流,没有尽到家长应有的责任;还有些家庭由于经济拮据,特别是从农村和贫困边远地区来的学生,高额的学费使他们产生了巨大的压力,而且生活费还常常没有着落,使得他们产生心理负担、苦闷抑郁,没有信心和勇气去和身边的同学交往。这些家庭中不良的因素,都会使大学生形成冷漠无情、孤僻消沉、心烦焦虑、骄横狂妄,甚至敌对逆反、易怒等心理障碍。

4. 生理因素的影响

大学生处于青春期,生理机能已发育成熟,有朦胧的性意识,加上周围环境和生活阅历的变化,渴望谈一场快速的、轰轰烈烈的恋爱并对之希冀甚高。调查表明,大学生中谈恋爱的人,一年级约为15%,二年级约为25%,三年级约为40%,四年级约为65%。有的学生在进校一个月内就确定了意中人,然后就去追求。但由于对恋爱缺乏深刻认识,与异性之间的交往缺乏理性,仅凭外表一见钟情,不能做长远考虑,彼此间缺乏深入了解,经济上自顾不暇,双方都存在变化发展的可能性、未来工作的不确定性等众多无法回避的现实问题。如果经常失恋,有些大学生对失恋心理准备不足,面对爱神丘比特的刺伤,失恋后所引发的不良效应严重影响他们心理的健康成长,有些甚至出现自残等变态行为。调查显示,失恋在所有造成大学生心理疾患的因素中最为重要,约占30%。还有些大学生受社会上不良风气的影响或因为自身德才学识不高,为了显示自己的魅力,搞多角恋爱,从而产生纷争、冲突,造成不良后果,甚至酿成悲剧,给身心带来极大的摧残。

5. 网络因素的影响

网络是廉价而又便捷的学习方式、通信方式和娱乐方式。网络世界大量的信息为人们学习、研究提供了丰富的资料,也开拓了人们的眼界,是个有利有效的学习工具,同时也大大丰富了人们的生活。但是这些信息良莠不齐,宝藏与垃圾共存,精华与糟粕同在,网络上流动的各种垃圾信息成为干扰学生的"噪音",影响了有用信息的清晰度和效用度,妨碍了人们对知识的正常吸收。再加上网络交流的快速性、隐蔽性和虚拟性,可以让人肆意发泄日常生活中的种种不如意,很容易使人产生网络依赖性。

从进入大学开始,大学生开始独立生活。对新的生活环境的不适应,或学习生活上的压力,或对网络空间新鲜事物的迷恋,加上他们已具备的知识能力素质,使得他们更容易在网络虚拟世界中寻求安慰。他们的心理素质较差、自制能力较弱,可能混淆网络与学习、网络与生活的关系,沉迷在网络游戏中,难以自拔。由此也产生了或轻或重的网络心理问题和心理障碍。据调查显示,大学生是"网虫"的中坚力量,也是网络心理障碍的多发群体。

四、大学生心理障碍的预防与调适

管理心理学认为:人的心理状态虽然受社会生活环境的制约,但是,人们仍可以通过各种努力来进行预防和调适,以维护心理平衡,达到心理健康之目的。这种预防和调适可以从下列几个方面来进行。

1. 树立正确的人生观、价值观

心理学研究表明:人的价值观念存在着很大的差异。有以认识真理为主的科学价值观;有以"先天下之忧而忧,后天下之乐而乐"为准则的道德价值观;有以权力、地位为核心的政治价值观;有以功利、实惠为目标的经济价值观;有以宗教为中心的信仰价值观等。但是,无论哪一种价值观,只有以辩证唯物主义和历史唯物主义的世界观及革命的人生观为统帅,才能有正确的人生方向,才能正确处理个人与社会现实之间的关系,才能防止主观片面、固执偏激,才能达到豁达大度、处事不惊、经得住各种挫折与考验等。

要想树立正确的人生观、价值观,大学生个人必须通过社会实践活动、先进模范人物报告会、政治思想教育课等多种途径来陶冶自己的情操,并在情感的升华中构建自己正确的人生观、价值观框架。

2. 正视自我、勇于接受现实

马斯洛在研究有关自我实现的实验时发现:心理健康的人对世界的知觉是客观的,他们能按照生活的真实面目来看待生活,他们能按照自己的本来面目来正视自我,并能够坦然地接受现实中的自我,包括现实中自我的缺点和不足。相反,心理不健康的人,他们对世界的知觉是主观的,他们不能正确认识自己、评价自己,以至于出现狂妄自大、目无一切;他们不能坦然地接受自己,以至出现自暴自弃、心灰意冷等。

3. 努力加强自身个性修养

每个人的个性特征是不同的,从心理学角度来分析,就存在着神经类型强弱、灵活性的差异,智慧高低、能力大小的差异,性格内向或外向、独立或依赖的差异等。不同的人有不同的性格特征,不同的性格特征有各自不同的积极因素和消极因素,但是有一点是相同的,那就是当一个人性格特征中积极因素多于消极因素时,他在人生的道路上成功的机会可能多些。因此,我们每一个学生应该努力加强自身个性中的积极因素,克服消极因素,这也是消除心理障碍、促进心理健康的有效途径。如:增强理智感,克服主观臆断;增强自制力,克服激情性冲动;增强自信心,克服自暴自弃;增强利人观念,克服利己思想;增强宽容精神,克服狭隘偏见;增强法治观念,克服懦弱性格等。

4. 确立符合自己实际的抱负水平

心理障碍往往源于挫折,而一个人在心理上能否体验到挫折感,与他的抱负水平密切相关。如果自我抱负水平过高,失败的机会则愈多,则更容易体验到挫折感。如一门功课两个人都考了80分,如果一个人原定目标为90分,他便有可能产生挫折感,而另一个人原定目标为70分,他便没有挫折感。因此,大学生在制订学习计划时,不仅要考虑目标价值的大小,而且还要充分考虑目标实现的可能性。如果条件不具备、目标实现的可能性极小,即使是很有意义的目标,也不应列入计划。

5. 注意建立良好的人际关系

学生健康的心理状态是由良好的学校心理环境熏陶而成的,而良好的学校心理环境是由学校人际关系构成的,这主要反映在教师与教师之间、教师与学生之间、学生与学生之间的关系上。这些关系处理得当,就能形成团结合作、患难与共的凝聚力;如果这些关系紧张,就会造成彼此冷漠或敌视,甚至是幸灾乐祸、钩心斗角的耗散力。目前不少大学生普遍反映人际关系难处,有痛苦不愿找老师谈心,有烦恼不愿找同学诉说,从而造成内心的压力、痛苦得不到正常排泄,为心理障碍的产生埋下了隐患。因此,建立良好的人际关系,对于排除心理障碍,促进心理健康有着不可替代的作用。

要建立良好的人际关系,大学生必须首先学会以善意的态度与人相处,而不是以敌意的态度待人;尊重别人,而不是强加于人;真诚地鼓励与赞美,而不是虚伪地恭维与奉承;友好地劝告与批评,而不是粗暴地讽刺与攻击等。

6. 培养积极向上、健康乐观的情绪

实践表明,在健康情绪状态下,青年学生的知觉活动、思维活动,特别是智力和创造活动才得以充分发挥。而在挫折状态下消极情绪的连续产生,会引起心理失衡,导致心理障碍的产生。

处于青年时期的大学生,生活经历少,遇事易冲动,不善于控制自己的情绪,常常因一点小事而动感情,或振奋、激动,或丧气、失望等。如果大学生遇到挫折,产生烦恼、愤懑、沮丧、焦虑、彷徨等不良情绪时,应该学会用适当的方法进行调节。调节的方法有:

(1) 宣泄

宣泄,即在适当的时候、适当的场合,向适当的对象倾诉内心的不快,以减少内心的痛苦。现代人本主义大师罗杰斯曾以自己的亲身体会向我们阐明宣泄的妙用。他说:"我以亲身的体会可以证实,当你处于精神痛苦时,如果有人能听你诉说衷肠,同时又不试图评判你,不替你承担责任,不打算改变你,你就会感到非常愉快。"

(2) 转移与压抑

转移,即把注意力暂时转移到其他事情上,以缓解或冲淡不愉快的心情。压抑,即靠意志的作用把不愉快的心情压在心底,不让它表现出来,以期在适当的时候再加以调节。

(3) 暗示

心理学家研究表明,暗示作用对人的心理活动和行为具有显著的影响,内部语言可以引起或抑制人的心理和行为。自我暗示是通过内部语言来提醒和安慰自己,如提醒自己"不要灰心"、"不要着急"、"一切都会过去的"、"事情并不像我想象的那么糟"等,以此来缓解心理压力,调整不良情绪。

(4) 放松

放松调节是通过对身体各部分主要肌肉的系统放松练习,抑制伴随紧张而产生的血压升高、头痛、手脚冒汗、腹泻、睡眠等生理反应,从而减轻心理压力和紧张焦虑情绪。

7. 养成良好的学习生活习惯

人的生理、心理活动是有规律的。实践表明,过度的痛苦和悲伤容易使人消沉、自卑;狂喜狂欢容易使人高傲、麻木;长期超负荷的学习和工作容易使人产生畏惧心理。因此,大学生在学校群体生活中,要时刻注意养成良好的学习生活习惯,学会有规律地生活。这不仅有利于大学生科学用脑,而且对于排除心理障碍、促进心理健康也是十分有益的。

五、大学生自杀行为的预防

自杀是一个人以自己的意愿和手段结束自己的生命,它是一种生理、心理、家庭、社会关系及精神等各种因素混杂而产生的偏差社会行为,它也是一种沟通方式。

据资料显示,中国平均每年约有28万人死于自杀,约有200万人自杀未遂。自杀已成为我国人群第五大死因,是15～34岁青年人群的首位死因。

自杀行为的形成原因相当复杂,涉及生物、心理、文化、环境因素。根据精神医学研究报告,自杀的人70%都患有忧郁症,精神疾病患者自杀高达20%。大学生自杀行为与情绪障碍有着密切的内在联系。大学生自杀行为的产生有多方面的原因,但毫无例外的都有着不正常的情绪背景。有轻生念头的大学生,在自杀行为前均处在难以自控的负性激情或明显的抑郁消沉的状态。大学生产生自杀行为前都有明显的前兆:(1)具有自杀企图的大学生可能遭到明显的外面刺激,情绪低落、悲观抑郁;(2)具有自杀企图的大学生性格一般孤僻内向,缺乏与周围同学的正常交流;(3)具有自杀企图的大学生一般缺乏明确的生活目标和信心,对事物易产生悲观失望的情感体验;(4)具有自杀企图的大学生在行为前直接或间接地有过自杀的暗示或感到威胁。

大学生要学会冷静理智地处理问题,用理智控制情绪,通过心理暗示使自己冷静,采取宣泄、转移的方法控制自己的情绪。

自杀现象是大学生不良情绪严重而得不到及时妥善消除的结果。因此,要预防大学生自杀行为,应尽快消除他存在的不良情绪。周围的同学要主动接近他,给予他真诚的关切,主动关心他、鼓励他,认真聆听他的心声,让他进行适当心理释放,主动联系辅导员、班主任或其父母,引导他找心理咨询师进行心理辅导,使其珍爱生命,重视健康,远离自杀。

对于具有自杀企图的大学生应予以特殊的监护,要采取多种措施,对其进行教育、说服、关心和护理以及治疗,以缓解和消除与自杀有关的危机。

第三节 大学生心理咨询

一、心理咨询的概念

心理咨询是借助一种特殊的人际关系,运用心理学理论、知识和方法,通过语言、文字及其他信息传递方式,给咨询对象以帮助、启发和指导的过程。大学生心理咨询的目的:一方面在于针对一些大学生在学习和生活中遇到的各种问题,结合大学生的认识特点和行为特征,提供一些必要的指导,帮助大学生处理好人际关系,提高学习效率,更好地处理因环境带来的各种问题,增强对环境的适应能力,解决现实生活问题,完成学习任务。另一方面,在于使一些大学生进一步确立正确的自我认识,特别是自我能力、素质方面的认识,帮助大学生认识和开拓自身的潜能,不断突破自我的种种局限,全面而充分地发展。

二、大学生心理健康标准

人的健康包括生理和心理两方面。世界卫生组织给健康的定义是:"所谓健康,不仅在于没有疾病,而且在于肉体、精神、社会各方面的正常状况。"世界心理卫生联合会将心理健康定义为:"身体、智力、情绪十分调和;适应环境,人际关系中彼此谦让;有幸福感;在工作和职业中能充分发挥自己的能力,过着有效率的生活。"现代医学研究表明,信仰破灭、自卑、多疑、压抑、骄傲等都是心理不健康的表现,都会不同程度影响人的身体健康。

根据以上定义,结合大学生的心理特点,大学生心理健康应包括下面一些内容。

1. 智力正常

智力正常是大学生学习、生活与工作的基本心理条件,也是适应周围环境变化所必需的心理保证。因此,衡量的关键在于是否正常地、充分地发挥效能:即有强烈的求知欲,乐于学习,能够积极参与学习活动。

2. 情绪健康

情绪健康的标志是情绪稳定和心情愉快。包括的内容有:愉快情绪多于负性情绪,乐观开朗,富有朝气,对生活充满希望;情绪较稳定,善于控制与调节自己的情绪,既能克制又能合理宣泄;情绪反应与环境相适应。

3. 意志健全

意志是人在完成一种有目的的活动时,所进行的选择、决定与执行的心理过程。意志健全者在行动的自觉性、果断性、顽强性和自制力等方面都表现出较高的水平。意志健全的大学生在各种活动中都有自觉的目的性,能适时地作出决定并运用切实有准备的方式解决所遇到的问题。在困难和挫折面前,能采取合理的反应方式,能在行动中控制情绪和言而有信,而不是行动盲目、畏惧困难,顽固执拗。

4. 人格完整

人格指的是个体比较稳定的心理特征的总和。人格完整就是指有健全统一的人格,即个人的所想、所说、所做都是协调一致的。人格完整包括人格结构的各要素完整统一;具有正确的自我意识,不产生自我同一性混乱,以积极进取的人生观作为人格的核心,并以此为中心把自己的需要、目标和行动统一起来。

5. 自我评价正确

正确的自我评价乃是大学生心理健康的重要条件,大学生在进行自我观察、自我认定、自我判断和自我评价时,要做到自知,恰如其分地认识自己,摆正自己的位置,既不以自己在某些方面高于别人而自傲,也不以某些方面低于别人而自惭,能够自我悦纳,喜欢自己,接受自己,自尊、自强、自制、自爱适度,正视现实,积极进取。

6. 人际关系和谐

良好而深厚的人际关系,是事业成功与生活幸福的前提。其表现为乐于与人交往,既有广泛而深厚的人际关系,又有知心朋友;在交往中保持独立而完整的人格,有自知之明,不卑不亢;能客观评价别人和自己,善取人之长补己之短,宽以待人,乐于助人,积极的交往态度多于消极态度,交往动机端正。

7. 社会适应正常

个体与客观现实环境保持良好秩序。做客观观察以取得正确认识,以有效的办法对应环境中的各种困难,不退缩,还要根据环境的特点和自我意识的情况努力进行协调,或改变环境适应个体需要,或改造自我适应环境。

8. 心理行为符合大学生的年龄特征

大学生是处于特定年龄阶段的特殊群体,大学生应具有与年龄与角色相应的心理行为特征。

三、大学生心理咨询的内容和范围

从心理咨询的概念我们可以看出,只要是大学生在日常生活中所遇到的各种各样心理问题都可以进行心理咨询。心理咨询的内容和范围划分为如下几个方面:

1. 人格问题

人格的内容是非常丰富的,它既包括一个人的需要、动机、兴趣、理想、信念、气质、性格、能力,又包括一个人的人生观、世界观,对现实的态度和一个人的意志、情绪、理智等多方面的内容。人格如果明显偏离正常,就成为人格障碍。

2. 心理发展

一个人从生到死,从小到大,其心理发展要经历从婴幼儿期、儿童期、少年期、青年期、中年期到老年期的心理发展变化。这种心理发展是顺序的、渐进的,前期的心理发展是后期心理发展的必要准备和条件。一个人如果不能完成某一阶段的任务,就会发生心理障碍,难以顺利地进入下一个发展阶段。心理发展的健康进行,会使人心情愉快、生活幸福,同时也标志着一个人对社会具有良好的适应性。

3. 社会适应

生活在社会中的人,能否适应社会是十分重要的。一个人适应社会如何,主要视其社会行为和人际关系的情况而定。社会行为是一个人在一定的社会中,在公开场合下表现出来的行为。社会行为和人际关系常常是同一过程,它们是相辅相成的。如果人在社会行为和人际关系方面出现障碍,势必影响他的发展和成长。

4. 恋爱、婚姻

恋爱、婚姻是人一生中的大事。一个人的婚姻是否美满,不仅在于配偶的选择是否合适,而且还与他们能否妥善处理好家庭、工作等方面问题有着密切的关系。人们在恋爱中会遇到诸如单相思、失恋、择偶标准、恋爱调适等问题。在婚姻生活中,会遇到如何协调夫妻关系、长辈关系、子女关系以及性生活的和谐、子女的教育等问题。如果依靠个人的力量不能妥善处理,完全可以通过心理咨询得到帮助。

5. 职业选择

心理咨询不只是用来解决心理难题的,实际上目前心理咨询的内容已经非常广泛丰富了。它除了帮助人们了解心理障碍以外,还可以帮助人们了解心理发展的规律,探求自己的心理能力,寻找适合自己心理特点、能充分发挥自己潜力的职业。此外,还可以帮助人们充分利用心理潜能使自己的心理水平达到最高限度,实现心理创富的目的。

6. 学习调整

心理咨询还可以帮助人们进行学习调整、驱除学习障碍。这里所说的学习是指人们对知识的学习。其中包括:

(1) 学习时的感知和理解等;

(2) 技能和熟练的学习,主要指运动的、动作的技能和熟练;

(3) 心智的、以思维为主的能力的学习;

(4) 道德品质和行为习惯的学习。

这四个方面的学习是相辅相成互相联系的,任何一个方面出现障碍,都会造成学习困难。

四、大学生心理咨询的类型

1. 发展性心理咨询

发展性心理咨询的这类来访者是正常的、健康的,无明显心理冲突,基本适应环境。他们咨询的目的是为了更好地认识自己,扬长避短,充分发挥潜能,提高学习和生活的质量。如探讨提高学习效益的最佳方法,获得更多朋友的技巧和艺术,测定自己的气质、性格特点等。这将有助于来访者增强自我认识能力、社会适应能力与发展能力,挖掘自身潜力,促进全面发展。

2. 适应性心理咨询

这类来访者属基本健康,但现实生活中有各种烦恼和压力,有明显的心理矛盾和冲突。咨询的目的是排除心理困扰,减轻心理压力,改善适应能力。如新生入学后对环境适应不良而焦虑,因学习成绩上不去而苦闷,因单恋或失恋而不能自拔,过度自卑等。这类咨询就是对来访者在学习、工作、人际关系等方面的适应不良提供帮助。

3. 障碍性心理咨询

由于多种原因,少数学生患上某种心理疾病,并影响其正常生活和学习。如神经衰弱症、社交恐惧症、紧张焦虑症、抑郁症,更有甚者由于人际、情感、学习各种危机的交迫,产生轻生念头等,这些属心理障碍性咨询的范畴。通过心理障碍性咨询,及早发现,及时预防,以治疗克服障碍,缓解症状,恢复心理平衡,因而它具有矫治功能。咨询的目的是帮助有心理障碍的来访者挖掘病源,找到对策,消除痛苦,恢复心理健康。

五、大学生心理咨询的形式

1. 个别心理咨询

个别心理咨询是由来访求助者单独向咨询机构提出咨询要求,由单个咨询人员出面解答、劝导和帮助的一种形式。个别心理咨询具有以下功能:

(1) 教育功能

个别心理咨询在帮助来访大学生解决学习、工作、生活、交友、恋爱、就业等方面遇到的问题,调节心理不适,指导提高各方面能力的同时,会运用认知分析等心理学方法潜移默化地向大学生进行正确的人生价值观、恋爱观、择业观的教育。

(2) 预防功能

个别心理咨询帮助学生正确认识自我,寻找自己人格发展中的优点和缺点,解决心理问题。而当他们真正认识了自己的需要、价值、态度、动机、长处和短处后,就可以调整好自己的期望值,设计好自己的行动,并克服消极的、不适应的行为,轻装上阵,就可以减轻心理压力,缓解心理与躯体的不适,预防心理疾病的发生。

(3) 发展功能

通过个别心理咨询,教师可以引导大学生认识自我,并根据自己的个性特点,确立理想,为自己的自我发展设计方向和道路,从而增强他们学习和生活的勇气和信心,发掘心理潜能,获得健康发展。

(4) 治疗功能

一些大学生由于不能适应新的生活环境和社会环境而产生心理问题,引起不良情绪反应或形成不良个性倾向,如强迫症、网络成瘾等。个别心理咨询可通过心理咨询与治疗的手段,调节来访大学生的不良情绪反应,矫正不良个性倾向,克服行为和心理障碍,帮助他们建立良好的心境,以适应学习和生活。

2. 团体心理咨询

团体心理咨询是指在团体的心理环境下为成员提供心理帮助与指导的一种心理辅导形式,即是以团体为对象,运用适当的辅导策略或方法,通过团体的互动,促使个体在人际关系中认识自我、探讨自我、接纳自我,调整改善与他人关系,学习新的态度与行为方式,增进适应能力,以预防或解决问题并激发个体潜能的助人过程。

团体心理咨询与一般心理咨询一样,具有教育、发展、预防、治疗四大功能。只是在团体心理咨询辅导中,这四大功能相互联系,相互渗透,在心理咨询过程中共同起作用。

从心理咨询的目的角度,我们将大学生团体心理咨询分为发展型团体心理咨询、调适型团体心理咨询、治疗型团体心理咨询。

发展型团体心理咨询的目的是通过团体成员的主动参与,表达自己,从而找到大家共同的兴趣与目标,重点放在自我成长与自我完善上。团体成员是正常的、健康的、无明显心理冲突、基本适应环境的大学生。这些大学生来参与的目的是为了更好地认识自己,扬长避短,充分发挥潜能,提高学习、生活与工作的质量。

调适型团体心理咨询的来访者也是基本健康的,但在学习、生活、工作中有种种烦恼,有明显的心理冲突和矛盾。参加调适型团体心理咨询的目的是排除心理困扰,减轻心理压力,改善心理适应能力。如新生入学对环境的不适应而产生的焦虑,单相思或失恋的极度痛苦。

治疗型团体心理咨询是指通过特有的治疗因素,如团体所提供的支持、感情宣泄等,改变成员的人格结构,使他们达到健康的功能。来访求助者是患有某些心理疾病的学生,如神经病、人格障碍、适应障碍、性变态等,这些心理障碍影响了他们的正常学习、生活与工作,使他们苦不堪言,极少数甚至会产生自杀的意念。

3. 网络心理咨询

网络心理咨询是一种新兴的心理咨询方式,是心理咨询师或心理咨询人员利用计算机网络可提供的综合信息服务功能,向现实身份和虚拟身份的来访者提供心理咨询服务的信息互动过程。

网络心理咨询的显著优点是不受时间、空间的限制,实施方便、经济,易于记录和保存,有利于督导和研究。目前,网络咨询多以文本方式进行,具有匿名性、便捷性、自主性、非言语信息缺失性等特点。

近年来,高校网络心理咨询有了较快发展,各大高校纷纷成立了心理咨询网站,也出现了辅导员博客、心理咨询师博客以及论坛等为大学生提供心理咨询服务。

第五章　火灾事故的预防与应对

火灾是世界上多发性灾害中发生频率较高的一种灾害,它给人类社会造成了不少生命、财产的严重损失。我国也是火灾频发的国家,造成几十人甚至上百人死亡的特大重大火灾时有发生,给国家和人民群众的生命财产造成了巨大的损失。在大学校园里,火灾也是威胁校园安全的重要因素。资料显示,大学校园里因火灾而造成的经济损失较之盗窃高出十几倍乃至几十倍。新中国成立以来,在我国一千余所全日制高校中,从未发生过火灾的寥寥无几,有的学校整座教学楼、实验楼、大礼堂被烧毁,损失了许多珍贵的标本和图书,严重影响了教学科研活动的正常进行。至于在学生宿舍里发生的小型火灾,则每年可达数千起之多,烧毁同学们的衣物、图书、烧伤同学的事例屡见不鲜,有的甚至夺走学生的生命。

第一节　案例与分析

 典型案例1

2008年11月14日早晨,上海某学院宿舍楼602寝室起火,最终因寝室内烟火过大,4名女生被逼到阳台上,后分别从阳台跳下逃生,4人均当场死亡。经调查,起火的原因是学生在宿舍违规使用"热得快",致使水被烧干后热水瓶处于干烧状态,插座发热短路引起火灾。

案例分析:高校的建筑物、供电线路、供电设备,都是按照实际使用情况设计的。在宿舍内违章使用电器,如电炉、电饭锅、电吹风、电热杯、热得快、电暖器等,尤其是违规使用大功率电器,使供电线路过载发热,老化加速而引发火灾。使用"热得快"是造成学生宿舍火灾的最主要元凶,是各个高校明令禁止的行为。为自身和他人的生命安全着想,在宿舍内必须严格禁止使用"热得快"等大功率电器。

典型案例2

2009年8月11日,安徽某高校3号女生宿舍楼201寝室突发大火,烧毁了该寝室内笔记本1台,衣服、棉被、书籍及室内木制品几乎完全烧毁。经调查,起火原因是手机万能充在无人时长时间充电,充电器发热引起火灾。

案例分析:许多学生都有在床上给手机充电的习惯。任何充电器在负载工作时都会不同程度地发热,劣质充电器更是如此。因此,手机充电不要放在床上,以防过热引发火灾;充电时来电话要断开电源再接,以免触电。

典型案例3

2010年3月29日,辽宁某职院2号男生宿舍楼3楼突然起火,该楼整间宿舍被烧得精光,所幸火被及时扑灭没有人员受伤。经调查,此次火灾起火原因是私拉电线插板横穿被褥引发火灾。

案例分析:学生宿舍内违章乱拉、乱接电线,容易引发火灾。原因是:一是不懂电工专业知识的人,在乱接乱拉电线中因错误接线造成事故;二是连接不牢固形成接触电阻过大而引发火灾事故;三是导线的设计容量是有限的,乱接电线造成过度负荷,容易因过负荷而造成火灾。大学生要遵守学校规定,不在寝室内外乱拉、乱接电源线,更不要将电源线、电源插座横穿被褥或藏在枕头下。

典型案例4

2011年5月17日,湖北某大学2号研究生公寓发生火灾。经调查,火灾原因为台灯靠近蚊帐,使用时间过长而引燃蚊帐。

案例分析:灯具灯泡靠近书、纸、蚊帐、被褥等可燃物,长时间烘烤易起火。学生在宿舍中不要将台灯放到被褥中或夹在床头靠近蚊帐,也不要用纸张罩住灯泡,灯具使用时要远离易燃物。要按照使用说明安全使用取暖设备,严禁违规使用电器。

典型案例5

2012年10月4日,北京某学院宿舍楼发生火灾,因扑救及时,未造成人员伤亡。经调查,火灾原因为使用劣质插座,插座内部存在虚连打火现象,送电后瞬间电流较大将插座烧毁。

案例分析:大学生在购买电器时,要到正规的商店购买。一定要购买新国标插座,不要购买国家禁止生产的万用孔插座。新国标插座的三级和两极分开,有5个孔。万用孔插座的三级插孔与两极插孔合在一起,有三个孔;不要购买插板上有三级插孔,但插座本身自带的插头只有两个插销的两芯插座。

典型案例6

2012年7月,四川某大学研究生公寓发生火灾,房间内的衣服、被褥、电脑和床铺等财物被烧毁。经调查,火灾原因是由于房间内的饮水机没有水但继续通电工作,造成饮水机发热而引发火灾。

案例分析:饮水机、电脑、充电器等电器因自燃引发火灾,绝大多数是因为通电时间长,引起电器内部变压器发热、短路起火。长时间电源变压器在工作,使变压器的绝缘功能下降,变压器聚热引起燃烧。大学生对饮水机、电脑、手机充电器等日常电器使用时,要注意断电,避免电器长时间通电而发生火灾。

典型案例7

2012年4月,湖北某高校一学生宿舍发生火灾,烧毁了该宿舍笔记本1台,小书桌1张,被褥3床。经调查,一名学生使用电吹风时,突然停电,电吹风电源插头未拔,就离开宿舍,后来供电恢复人还未回宿舍,因电吹风较长时间工作,引起火灾。

案例分析:突然断电后,再供电时可能瞬间电流过大引起火灾;或者断电时电器没有拔掉电源插头,来电后电器长时间无人管理引起火灾。大学生在电器使用完毕或突遇停电时,都必须切断电源。

典型案例8

2012年5月20日,黑龙江省某大学宿舍楼发生火灾,整栋楼内布满浓烟,学生被紧急疏散。经调查,火灾原因是该宿舍一男生煮面没关火便离开,引燃周围可燃物造成的。

案例分析:学生宿舍是学生生活休息的场所,聚集大量的可燃物品。在寝室乱丢烟头、焚烧书信以及使用蜡烛、酒精炉、液化气灶等明火,非常容易引起火灾。因此,在学生宿舍内严禁使用明火。

典型案例9

2012年10月24日,江苏省某大学化工学院实验室发生火灾。经调查,起火原因是由于实验人员在使用低燃点化学品实验过程中,未按实验操作规程进行操作,加热炉没有保持安全距离引起的。

案例分析:近年来,由于不当操作引起化学实验室发生火灾的事故时有发生。学生在做实验时,必须严格按照操作规程进行,并且要按照要求佩戴手套、防护眼镜、安全帽和穿绝缘鞋等防护设备。

典型案例10

2014年4月9日,海南某大学一寝室发生火灾,该火灾并未造成人员受伤。经调查,起火的原因则为该寝室学生使用完蚊香后,并未将蚊香完全熄灭便离开寝室,而未熄灭的蚊香则烧着了放在旁边的纸堆引起火苗。

案例分析:学生宿舍是一个集体生活、学习活动的场所,每一位同学都要养成良好的生活习惯,学校明文规定在宿舍内禁止使用明火,一旦发生火灾,给宿舍同学的生命和财产安全带来严重后果。

高校引起火灾的因素较多,从发生的火灾情况看,导致学生宿舍失火的直接原因主要有以下几点:

1. 违章使用大功率电加热器具

高校的建筑物供电线路、供电设备,都是按照实际使用情况设计的,尤其是学生宿舍的供电线路、设备都是按照普通的照明用电设计的,线路负荷较小。在宿舍违章使用"热得快"、电炉、电取暖器、电热杯、电热壶、电热锅、电饭锅、电磁炉和电熨斗等大功率电加热器具现象普遍存在,虽明令禁止,但多有违规。所以很多高校的学生宿舍存在线路超负荷运行的状态。特别是一些老式宿舍楼,设计标准低,加之线路老化,一旦超负荷极易引起火灾。

2. 违章乱拉乱接电线

乱拉乱接电线,容易损伤线路绝缘层,引起线路短路和触电事故。由于小家电的普及,生活中使用各种电器很普遍。由于以前建房时安装的插座少,为使用方便,有些学生私拉乱接电线、插座,电线经常拖来拖去,造成绝缘层损坏,接头松动。学生购买的电线、插座有的是劣质产品,极易造成线路短路或因接触不良发热而起火或漏电。

3. 使用电器不慎

经常使用的计算机、电视机、充电器、稳压电源、电热毯和电蚊香等电器,如长时间通电,就会因散热不良,引起电器元件发热、线路短路,从而引起火灾。

4. 使用灯具不当

使用台灯、床头灯等灯具时,若紧靠蚊帐、被褥、衣服、书籍等易燃物,极易引发火灾。因为在电能转化为光能过程中,往往要产生大量的热,灯泡表面温度较高,而纸张、棉絮、尼龙等物品燃点较低,灯泡过于靠近这些物品,时间一长就会被引燃。

5. 违章使用明火

在办公楼、实验室、教室和建筑工地违章使用明火,特别是在学生宿舍点蜡烛照明,用酒精炉、煤油炉、液化气等做饭,焚烧书信杂物等,稍有不慎,都可能导致火灾发生。

6. 使用蚊香不当

点燃的蚊香有700℃左右,而布匹的燃点为200℃,纸张燃点为130℃,点燃的蚊香歪倒、移动都可能直接引燃附近的易燃物,掐灭蚊香时乱弹蚊香头,也可能引发火灾。

7. 吸烟不慎

烟头的表面温度为200~300℃,中心温度为700~800℃,一般可燃物的燃点大多低于烟头表面温度,若点燃的烟头碰到低于烟头温度的可燃物,就会引起火灾。烟头虽然是一个较小的火源,但它却能引起许多可燃物的燃烧。有的人在喝醉酒或过度疲劳的情况下,往往一支烟未吸完,人已入睡,以至带火的烟头掉落在被褥、蚊帐、衣服、沙发或地毯等可燃物上引起火灾;有的人叼着香烟寻物或不看场合乱磕烟灰,烟灰掉落在可燃物上引起火灾;有的人把点着的香烟随手乱放在书桌、箱子等可燃物上,人离开时烟头未熄,或因烟头被风吹落,引燃可燃物而引起火灾。

8. 存放易燃易爆等违禁品

违反规定存放烟花爆竹、汽油、酒精、香蕉水、油漆等易燃易爆品,留下火灾隐患。

9. 违反操作规程

在用火、用电和使用危险物品时,不按操作规程极易发生火灾事故。用火时周围的可燃物未清理完,火星飞到可燃物上引起燃烧;做化学实验时,将相互抵触的化学试剂混在一起;试验温度过高或操作不当,也能引起火灾事故。

第二节 防范措施

一、防范措施

高校的火灾,主要是人为因素造成的。为保证学校的防火工作万无一失,必须针对主要致灾原因,采取切实有效的防范措施,消除隐患,防止和减少火灾事故的发生。

1. 落实消防安全责任制,责任到人

根据消防安全的工作责任要求,学校各级管理部门要层层签订安全责任书,将消防安全责任落实到人。要明确各级管理者、工作人员在消防安全工作中所承担的责任和职责,同时也要和同学们签订安全责任书(承诺书),从进校门开始就增加约束力,学生和管理者明确自己的责任,知道该做什么,不该做什么,如有违反,则承担应负的责任。

2. 建立、健全消防安全管理规章制度

随着学校的发展和后勤管理体制的改革,学校消防安全管理中会不断涌现出新情况、新问题,许多现有的规章制度已经不适应当今学校消防工作的实际需要,必须适时进行修订和完善。消防安全管理制度应当包括用火、用电、易燃、易爆危险品的管理、安全检查、值班、教育和培训、疏散演习、消防器材、设施维护保养以及奖惩等内容。

3. 开展消防安全宣传教育,增强师生员工的安全防范意识。

增强师生员工的安全防范意识,杜绝不安全行为,是预防火灾事故的根本。防火安全教育是一项经常性工作,广大师生员工要认真学习有关法律、法规和学校规章制度,了解身边发生的火灾事故和存在的隐患,要积极参加学校组织的疏散逃生演习。同学们要牢固树立"安全第一"的思想,认清火灾隐患的危险性,从思想上真正筑起安全防线,养成自觉遵守安全制度的习惯,对做出有损安全的事情加以制止,真正形成群防群治的氛围。

4. 开展安全检查,加大处罚力度

"防范胜于救灾"。安全检查是消防安全管理工作中的一条重要措施,通过检查及时发现并整改隐患,能够杜绝火灾事故的发生,或把火灾消灭在萌芽状态。消防安全重点部位的值班、管理、服务人员应实行每日巡查制度,及时发现和纠正违章行为。学校在重大节日,如元旦、"五一"、"十一"前,学期始、末,要组织开展安全大检查。只有通过深入细致的检查,才能发现和消除隐患,真正做到防患于未然。虽经学校三令五申仍屡查屡犯的违章行为,要严肃处理,给予经济处罚、纪律处分,并对各种评优、评先、奖学金等实行安全一票否决。

5. 保持消防器材设施的完好有效

建筑物内设置的火灾自动报警系统、防火门、室内消防栓、灭火器、应急照明灯、疏散指示灯等消防器材、设施,学校各单位要明确专人管理,定期进行检测、检查、维护、保养,保障完好有效。

6. 加强电网设施的改造,彻底消除隐患

针对用电量猛增,电线年久老化,负荷较小及早期布线不规范、插座少等问题,学校要增加投入进行线路改造,增加插座数量,保证使用需要。电表实行集中管理,杜绝用铜丝、铝丝代替保险丝。有条件的要安装限电器和短路保护装置,保护线路和设备不因短路而起火灾。

7. 严格遵守操作规程

在实验室、研究室实习或工作时,要严格遵守各项安全管理规定、安全操作规程和有关制度。使用仪器设备前,应认真检查电源、管线、火源、辅助仪器设备等情况,如仪器设备放置是否妥当,对操作过程是否清楚等,做好准备工作后方可操作。操作完毕应认真清理,如关闭电源、火源、气源、水源等,还应清除杂物和垃圾。涉及使用易燃易爆危险品时,要严格遵守有关规定,用剩的化学试剂,应送到安全地点存放。

8. 从细节做起,杜绝安全隐患

(1) 不使用大功率电器。

(2) 不私拉、乱接电线。

(3) 不在使用的电器周围堆放易燃物,电器使用后断电。

(4) 不购买、使用劣质的电线、插座和电器产品。

(5) 不将灯具靠近书籍、衣服、枕头、被褥等易燃物,床头灯、台灯的功率应小于 25 W,人走勿忘关灯。

(6) 不使用明火以及蜡烛照明,不使用酒精炉、煤油炉、液化气灶等烧水、热菜、做饭,不焚烧杂物。

(7) 不将点燃的蚊香乱放。

(8) 不乱扔烟头、火柴梗,不乱弹烟灰,不躺在床上吸烟。

(9) 不存放易燃易爆危险物品。

二、初起火灾的扑救和处置

火灾发展大体经历五个阶段,即初起阶段、发展阶段、猛烈阶段、下降阶段和熄灭阶段。火灾发生后,初起阶段最容易扑救,是火灾扑救最有利的阶段,将火灾控制和消灭在初起阶段,就能赢得灭火救灾的主动权,最大限度地减少损失。

1. 初起火灾的扑救

在初起阶段,火灾比较容易扑救,为有效应对初起的火灾,必须了解灭火的基本方法。

(1) 冷却灭火法,就是将灭火剂直接喷洒在可燃物上,使可燃物的温度降到自燃点以下,从而使燃烧停止。用水扑救火灾,其主要作用就是冷却灭火。

(2) 隔离灭火法,是将燃烧物与附近可燃物质隔离或者疏散开,从而使燃烧停止。这种方法可用于扑救各种固体、液体、气体火灾。例如,将火源附近的易燃易爆物质转移到安全地点;关闭设备或管道上的阀门,阻止可燃气体、液体流入燃烧区;排除生产装置、容器内的可燃气体、液体,阻拦、疏散可燃液体或扩散的可燃气体;拆除与火源相毗连的易燃建筑结构,建立阻止火势蔓延的空间地带等。

(3) 窒息灭火法,是采取适当的措施,阻止空气进入燃烧区,或用惰性气体稀释空气中的氧含量,使燃烧物质缺乏助燃的氧气而熄灭。这种方法,适用于扑救封闭式的空间、生产设备装置及容器内的火灾。火场上运用窒息法扑灭火灾时,可采用灭火毯、石棉被、湿麻袋、湿棉被、砂土、泡沫等不燃或难燃材料覆盖燃烧物或封闭孔洞;用水蒸气、惰性气体(如氮气等)充入燃烧区域;利用建筑物上原有的门窗以及生产储运设备上的部件来封闭燃烧区,阻止空气进入。

(4) 抑制灭火法,也称化学中断法,就是使灭火剂参与到燃烧反应中,使燃烧过程中产生的游离基消失,而形成稳定分子或低活性游离基,使燃烧反应停止。采用这种方法可使用的灭火剂有干粉和卤代烷灭火剂。灭火时,将足够数量的灭火剂准确地喷射到燃烧区内,使灭火剂阻止燃烧反应,同时还要采取必要的冷却降温措施,以防复燃。

(5) 其他简易的灭火方法。初起阶段的火灾,除了使用灭火器外,还可以用黄沙、泥土和灭火毯、浸湿的棉被、麻袋去覆盖,隔绝空气与燃烧物的接触。待燃烧着的物体内部附着的一些空气烧完,火就熄灭了。所以,对付初起火灾,不仅上面提到的这些东西可以灭火,扫帚、拖把、衣服等都可以作为简易灭火器材进行灭火,关键在于"快",不要让火势蔓延扩大。

● 电气火灾的扑救

电器发生火灾时,为防止现场人员和灭火人触电,要尽快通知管理部门切断着火地段的电源。用水扑救一定要在断电情况下进行，防止因水导电而造成触电伤亡事故。

●常用手提式灭火器的使用方法

手提式灭火器一般由一人操作，使用时将灭火器迅速提到火场，在距起火点3～5米处，先撕掉安全铅封，拔掉保险销，然后一只手紧握压把，另一只手握住喷射软管前端的喷嘴（没有喷射软管的，可扶住灭火器底圈）对准火焰根部喷射，由远而近，左右扫射，并迅速向前推进，直至火焰全部扑灭。常用灭火器的使用方法概括起来就是："拔掉插销、保持距离、对准根部、按下压把"。

由于灭火毯是一种质地非常柔软的消防器具，在遇到火灾初始阶段时，能以最快的速度隔氧灭火而控制灾情蔓延，火灾控制不住的情况下还可以作为及时逃生用的防护器具。由于玻璃纤维灭火毯具有防火、隔热和绝缘的特性，只要将毯子包裹于全身，在逃生的过程中，能有效防止高温灼伤皮肤，使人体能够得到很好的保护。

灭火毯使用方法如下：

a. 灭火毯需固定或放置于较显眼且易快速拿取的墙壁上或抽屉内；

b. 发生火灾时，快速取出灭火毯，并双手握住两根黑色拉带；

c. 把灭火毯迅速抖开，拿作盾牌状；

d. 将灭火毯覆盖在着火物体上，直至火焰完全熄灭；

e. 待着火物体熄灭冷却后，方可移开灭火毯；

f. 逃生时灭火毯可以披在身上阻隔高温，保护皮肤不被高温灼伤。

2. 初起火灾的处置

（1）报火警

"任何人发现火灾时都应当立即报警。任何单位、个人都应当无偿为报警提供便利，不得阻拦报警。严禁谎报火警。"《中华人民共和国消防法》第四十四条对报警做了明确规定，报警是每个公民应尽的义务。消防工作实践证明,报警晚是酿成火灾的重要原因之一,除自然灾害和易燃易爆物品发生的特殊火灾外,几乎所有重大火灾都与报警晚有密切关系。

●把握报警时机:第一时间报警

经验告诉我们,"报警早,损失小"。火灾初起时若能将火扑灭,就能最大限度地减少损失。因此,火灾初起是个关键时刻,把握住这个关键时刻主要有两条:一是利用现场灭火器材及时扑救;二是及时报火警,以便调集足够的力量,尽早地控制和扑灭火灾。不管火势大小,只要发现失火,就应立即报警,不要以为自己有足够的力量扑灭就不向消防队报警。

●报火警的方法

首先要稳定情绪头脑冷静,其次要牢记火警电话"119"。用手机报警不要加上长途区号,直拨"119"即可。在报警时一定要讲清以下内容:讲清发生火灾的详细地址,包括街道名称、门牌号码,靠近何处;楼宇发生火灾要讲明第几层楼等。同时要讲清报警人姓名及所用电话的号码,以便消防部门电话联系,了解火场情况,还应派人到路口接应消防车。

(2) 疏散抢救被围困人员

疏散抢救被困人员是火灾初起时的首要任务。火灾发生时,我们必须坚持救人重于救火的原则,尤其是在学生宿舍这种人员集中的场所,更要采取稳妥可靠的措施,通过喊话积极组织人员有序疏散,防止惊慌造成挤伤、踩伤等事故。

第三节 逃生与自救

一场火灾降临,能否从火灾中逃生,固然与火势大小、起火时间、楼层高度以及建筑物内有无报警、排烟、灭火设施等因素有关,但也与被困人员的自救和互救能力以及是否掌握逃生办法等有直接关系。

一、火场逃生的基本方法

1. 了解和熟悉环境

当你走进商场、宾馆、酒楼、歌舞厅等公共场所时,要留心太平门、安全出口、灭火器的位置,以便在发生意外时及时疏散和灭火。

2. 迅速撤离

一旦听到火灾警报或意识到自己被火围困时,要立即想办法撤离。

3. 保护呼吸系统

逃生时可用湿毛巾或餐巾布、口罩、衣服等将口鼻捂严,否则会有中毒和被热空气灼伤呼吸系统软组织窒息致死的危险。

4. 从通道疏散

通道如疏散楼梯、消防电梯、室外疏散楼梯等,也可考虑利用窗户、阳台、屋顶、避雷线、落水管等脱险。

5. 利用绳索滑行

用结实的绳子或将窗帘、床单被褥等撕成条,拧成绳,用水沾湿后将其拴在牢固的暖气管道、窗框、床架上,被困人员逐个顺绳索滑到下一楼层或地面。

6. 低层跳离

适用于低楼层,跳前先向地面扔一些棉被、枕头、床垫、大衣等柔软的物品,以便"软着陆",然后用手扒住窗户,身体下垂,自然下滑,以缩短跳落高度。

7. 借助器材

通常使用的有缓降器、救生袋(网、气垫、软梯、滑竿、滑台、导向绳)、救生舷梯等。此外,还可采用六种结绳逃生法,分别为:腰结、双套腰结、三套腰结、卷结、八字结和双平结。

8. 暂时避难

在无路逃生的情况下,可利用卫生间等暂时避难。避难时要用水喷淋迎火门窗,把房间内一切可燃物淋湿,延长时间。在暂时避难期间,要主动与外界联系,以便尽早获救。

9. 利用标志引导脱险

在公共场所的墙上、顶棚上、门上、转弯处都有"太平门"、"紧急出口"、"安全通道"、"火警电话"和逃生方向箭头等标志,被困人员按标志指示方向顺序逃离,可解"燃眉之急"。

10. 提倡利人利己

只有有序地迅速疏散,才能最大限度地减少伤亡,遇到不顾他人死活的行为和前拥后挤现象,要坚决制止。在逃生过程中如看见前面的人倒下去了,应立即扶起,对拥挤的人应给予疏导或选择其他疏散方法予以分流,减轻单一疏散通道的压力,竭尽全力保持疏散通道畅通,以最大限度减少人员伤亡。

二、宿舍火灾如何逃生

1. 保持清醒头脑,扑灭初起火灾十分重要

学生宿舍一般配备防火门和消火栓、灭火器等。火灾初起时,一定要冷静,切不可惊慌失措,可用配备的灭火器在第一时间去扑灭,此时还应呼喊周围人员出来参与灭火和报警。从某种意义上说,灭火也是一种逃生法,而且是一种最积极的救生方法。

2. 针对不同火情,寻求应急逃生的对策

(1) 逃离宿舍对策

如果楼道已被烟气封锁或包围时,为了避免毒烟的危害,在逃生时应尽量降低身体尤其是头部的高度。因为在较低的位置往往能吸到温度低、毒物较少的空气,而且低位空间烟尘少,能见度高,便于逃生。所以当要穿过浓烟区时,可匍匐前进逃离火场,也可利用湿毛巾或衣服等捂住口鼻,让有毒烟物被毛巾等阻挡。如果必须经过火焰区,逃生前最好将衣服用水浇湿、用湿毯子裹住全身或用湿衣服包住头部等裸露部位。这样穿过火焰区时,身上的衣服不易着火,身体裸露部位不致被烧伤。万一衣服着火,一般可就地打滚压灭火苗,不宜带火奔跑,以免加快空气的相对流动,从而增

大衣物燃烧的火势。当确信火灾不在自己所处的楼层时,仍应就近向紧急疏散口撤离。

如果自己对疏散口一无所知,则应按以下方法逃生:如果着火点位于自己所处位置的上层,此时应向楼下逃去,直至到达安全地点;如果着火点位于自己所处位置的下层,且火和烟雾已封锁向下逃生的通道,应尽快往楼上逃生,楼顶平台是一个比较安全的场所;如楼顶有水箱,可用水浇湿自己的衣服,以抵御火焰的高温熏烤;如果在向楼顶平台逃生的过程中,发现自己被火、烟追赶上且又封锁了向上的道路,此时应果断地改选横向逃生路线,从另一层楼的走廊通道逃生,或退守到该层有利于逃避的房间内,寻求其他的自救方法。

(2) 退守宿舍对策

当大火和浓烟已封闭通道,此时硬闯也只是死路一条,积极自救的唯一方法是退守房间采取相应的对策:关闭房内的所有门窗,防止空气对流,延迟火焰的蔓延速度;用布条堵塞门窗的缝隙,有条件时可用水浇在迎着火的门窗上,降低它的温度;因为火场相当嘈杂,在较高楼层上的呼救声,一般地面上的人是听不到的。这种情况下一方面应利用手机、电话等通信工具向外报警,以求得援助,另一方面也可从阳台或临街的窗户内向外发出呼救信号,向楼下抛扔沙发垫、枕头和衣物等软体信号物,夜间则可用打开手电、应急照明灯等方式发出求救信号,帮助营救人员找到确切目标。在得不到及时救援,又身居楼层较高的情况下切不可盲目跳楼,可用房间内的床单、被里、窗帘等织物撕成能负重的布条连成绳索,系在窗户或阳台的构件上向楼下滑去,也可利用门窗、阳台、落水管等逃生自救。当离开房间发现起火部位就在本楼层时,应尽快就近跑向已知的紧急疏散口,遇有防火门应及时关上。

三、公共场所火灾如何逃生

在公共场所时万一遇上火灾,究竟该如何逃生? 专家提醒要注意下面五点。

1. 不要盲目跟从人流、乱冲乱撞。要抬头看安全出口指示牌，低头看地面疏散指示标志，并且跟着身穿"疏散引导员"反光背心的工作人员逃生。

2. 不要顾及贵重物品，不要把时间浪费在穿衣服或寻找贵重物品上。

3. 火灾时，不要乘坐电梯逃生。公共场所都设有疏散楼梯通道，楼梯口有"安全出口"的消防指示灯。

4. 如被火困在室内，要关紧门窗，可利用逃生物资较多，可以就地取材，用湿毛巾、湿布等塞住门缝。

5. 要尽量待在阳台、窗口等易于被人发现的地方。晃动鲜艳的衣物或敲击东西，发出求救信号。

四、逃生误区

1. 忘记报警

人们对此会觉得不可思议，但事实上，有很多这样的案例存在，结果贻误了救人和扑救火灾的最佳时机。

2. 大声呼救

由于现代建筑物室内使用了大量的木材、塑料、化学纤维等易燃可燃材料装修，且装修材料表面常用漆类粉刷，燃烧时会散发出大量的烟雾和有毒气体，容易造成毒气窒息死亡。所以，在逃生时，可用湿毛巾折叠，捂住鼻口，屏住呼吸，起到过滤烟雾的作用，不到紧急时刻不要大声呼叫或移开毛巾，且须采取匍匐式前进逃离方式。

3. 乘坐电梯

发生火灾时，千万不能利用电梯作为疏散通道，这是因为电梯井的烟囱效应以及火灾很可能导致电线短路而造成电梯停运，逃生者一旦被困在电梯中，反而处于更危险的境地。正确的逃生途径是楼梯，这种安全通道一般都配有应急指示灯做标志，在火灾发生时，学生可以循着指示灯逃生。

4. 室内家具内躲避

退守室内时,千万不可钻到床底下、衣橱内躲避火焰或烟雾。因为这些都是火灾现场中最危险的地方,而且又不易被消防人员发觉,难以获得及时的营救。

5. 原路逃生

原路逃生是人们最常见的火灾逃生行为。因为大多数建筑物内部的道路出口一般不为人们所熟悉,一旦发生火灾时,人们总习惯沿着进来的出入口和楼道进行逃生,当发现此路被封死时,已失去最佳逃生时间。

6. 盲目从众

当人的生命突然面临危险状态时,极易因惊慌失措而失去正常的判断思维能力,第一反应就是盲目跟着别人逃生。常见的盲目追随行为有跳窗、跳楼,逃(躲)进厕所、浴室、门角等。克服盲目追随的方法是平时要多了解与掌握一定的消防自救与逃生知识,避免事到临头没有主见。

7. 往上逃生

因为火焰是自下而上地燃烧。经过装修的楼层火灾向上的蔓延速度一般比人向上逃生的速度还快,当你没跑到楼顶时,火势已发展到了你的前面,因此产生的火焰会始终围着你。如不得已可就近逃到楼顶,要站在楼顶的上风方向。

第六章 交通事故的预防与处置

现代交通集水、陆、空于一体,快捷、方便,同时也带来无数危及生命的交通事故。大学生活离不开交通,在享受快捷、方便的现代交通的同时,大学生更要关注交通安全。只要有行人、车辆、道路这3个交通安全要素存在,就有交通安全问题。也许只是一个小小的意外,就会造成严重后果,断送美好的前程,甚至失去生命。交通事故是指车辆在道路上因过错或意外造成人身伤亡或者财产损失的事件。本章通过大学生交通事故案例及发生交通事故的主要原因分析,阐述大学生预防交通事故发生的对策与措施,提醒大家要增强交通安全意识,自觉遵守交通法规。

第一节 案例与分析

典型案例1

2012年6月,某高校男生丁某双休日与几个同学上街。街上车辆川流不息,行人熙熙攘攘。不一会儿丁某与同学掉了队。正当他着急四处张望时,同学在马路对面大声叫丁某的名字,他就慌忙朝马路对面跑过去,此时一辆大卡车正飞驰而来,将其撞倒并从他身上碾压过去,丁某当场死亡。

案例分析:过马路,左右看,确认安全快速通行,是交通安全的基本常识。作为成年人的丁某,显然应具备这种常识。但由于他注意力分散,没有观察到飞驶而来的大卡车,造成本次不应发生的交通事故。大学生空闲时购物、观光、访友要到市区活动,这些地方车流量大、行人多,各种交通标志令人眼花缭乱,与校园相比交通状况更加复杂,若缺乏通行经验,发生交通事故的概率更高。要保障交通安全,必须严格遵守道路交通安全法规,不与机动车辆争抢道路和抢行通行。大学生因注意力不集中,造成的交通事故很多。较为突出表现是大学生经常边走路、边看书、边听音乐,或者左顾右盼、心不在焉。尤其是大学生喜欢在行走甚至骑自行车时低头玩手机,对外界反应明显减弱,对周围来往车辆无法察觉,极易发生交通事故。

● **典型案例2**

2011年9月学生张某在校园内骑自行车,一辆大货车带挂车由后面驶来,驾驶员鸣号示意超越。张某听到鸣号后未予理会,继续行驶。当自行车与汽车齐头时,张某因恐惧发生摇晃,自行车前轮偏转与汽车右前轮发生刮擦,倒入汽车与挂车之间,张某被挂车右前轮碾压头部,当场死亡。

案例分析:随着进入高校校园的机动车辆日益增多,一些校园主、次干道的车流量越来越大,而校园的主教学楼、学生生活区一般建在交通比较便利的主、次干道附近,遇上下课时容易形成人流、车流高峰,此时有些学生横过马路不按"一看、二等、三通过"的基本方法,强行横穿马路,从而极易发生交通事故。有些学生总是认为,校园的主体是学生,在校园道路上,无论是人行道,还是车行道,学生都应受到保护,机动车辆会主动自觉避让行人和非机动车辆。因此,少数学生往往有人行道不走,偏偏要与机动车争道、抢行。尤其是夜间在机动车道上行走,行人与机动车发生碰撞的概率增大,发生交通事故也就在所难免。

● **典型案例3**

2011年4月,某高校学生朱某、周某操场踢完足球后,在回寝室的路上还意犹未尽,路上相互边跑边传球,此时身后正好驶来一辆两轮摩托车,驾驶员躲闪不及将朱某撞倒,驾驶员方向把握不稳,又将周某撞倒,造成学生朱某右小腿骨折,学生周某轻微脑震荡。

案例分析:大学生精力旺盛,多数学生喜欢体育活动,但有少数学生不顾交通安全,在人来车往的道路上踢足球、玩篮球、打羽毛球等。由于在打球过程中,精力主要集中在自身运动中,对身边发生的其他事物视而不见,遇到车时往往因躲闪不及而发生交通事故。另外,许多高校历史悠久,尤其是百年老校,校园道路狭窄,瓶颈路、断头路、畸形交叉口多,路网结构不合理,道路密度低,交通流过于集中,主次干道、支路比例严重失调,机动车、非机动车与行人混行,特别是夜间,路灯昏暗,视线极差,交通安全隐患十分突出,极易发生交通事故。

典型案例4

2012年1月,某高校学生谢某骑自行车带着同学赵某,因进校后正好是下坡,且谢某骑行速度过快,在进校约30米左右处摔倒,致使坐在后座的赵某不幸身亡。

案例分析:一般高校新校区校园面积都比较大,宿舍与教室、图书馆等之间的距离比较远,许多大学生购买了自行车,课间或下课时骑自行车在人海中穿行是大学的一道风景。但部分学生骑车技术也实在"高超",居然能把自行车骑得与汽车比试速度,殊不知就此埋下了祸根。除此之外,骑车带人、冲坡,甚至不握把手的现象也很常见,这些都是交通安全的严重隐患,在以往的校园交通事故中,此类事故是最为常见的。

典型案例5

韦某是广西某高校大学生,于2011年考取驾照。2012年2月26日,他驾驶从同学父亲处借来的轿车,回老家喝喜酒。当晚9时许,韦某酒后开车途经某镇路段时,先追尾一辆无牌摩托车,后碰撞一辆停在路边的货车。事故中,摩托车手黄某受重伤,经抢救无效身亡。韦某涉嫌交通肇事罪被警方逮捕,被学校开除学籍,同时一审被判赔付近27万元。

案例分析:当前,在校学生中持有驾照的人数持续增加。驾驶,已成为一项现代社会人必备的技能。酒驾,不仅伤己,更害他人,对社会的危害性极大。根据《中华人民共和国道路交通安全法实施条例》第72条第3款规定,在道路上驾驶自行车、三轮车、电动自行车、残疾人机动轮椅车不得醉酒驾驶。国家现已将酒驾作为危害公共安全罪列入刑法,我们一定不要以身试法。

典型案例6

2013年6月,某大学城一高校6名大学生乘坐一辆无牌证的私人面包车外出,途中发生车祸,造成4人重伤、2人轻伤。车祸发生后司机逃逸,造成受伤学生得不到应有的赔偿。

案例分析:目前大多数高校都有新校区,而新校区普遍处在偏远地区,在校大学生交通不方便。黑车不仅能满足学生出行需要,同时价格一般相对低廉,因而成为不少学生的首选。所谓黑车,是指没有资格而非法从事道路运输运营的车辆。因为它严重扰乱了汽车市场经营秩序,并且潜在一系列安全隐患。诸如车况差、司机素质差、承受风险能力低、易导致交通事故等,因而是管理部门严厉打击的对象。黑车引发的交通安全事故率极高,但对于大学生而言,认为快捷便利,至于乘坐黑车危害,只是偶然发生的小概率事件,可以忽略不计。大学生的侥幸心理,助长了黑车泛滥。不出事故便罢,事故一出,黑车之"黑"顿显,赔偿成了一个大难题,与正规营运车辆的赔付能力形成了天壤之别。为了自身安全,我们一定要增强安全意识,拒绝黑车。

第二节　交通事故的预防与处置

预防交通事故,大学生要掌握并自觉熟知《中华人民共和国道路交通安全法》和学校交通安全管理规定,养成良好的交通行为规范和习惯,知晓交通事故处理的相关规定,有效、合法地维护自身权益。

一、培养规范的交通安全行为

《中华人民共和国道路交通安全法》几经修正后,对机动车、非机动车、行人和乘车人的通行,以及交通事故处理和法律责任都做出明确的规定,作为一名大学生很有必要掌握和了解。大学生只有严格遵守交通法规,养成良好的交通安全行为和习惯,才能有效地防止交通事故发生,保障自己的合法权益。

1. 道路通行条件及规定

(1) 全国实行统一的道路交通信号。交通信号包括交通信号灯、交通标志、交通标线和交通警察的指挥。

(2) 交通信号灯由红灯、绿灯、黄灯组成。红灯表示禁止通行,绿灯表示准许通行,黄灯表示警示。

(3) 机动车、非机动车实行右侧通行。

(4) 根据道路条件和通行需要,道路划分为机动车道、非机动车道和人行道的,机动车、非机动车、行人实行分道通行。没有划分机动车道、非机动车道和人行道的,机动车在道路中间通行,非机动车和行人在道路两侧通行。

(5) 道路设专用车道的,在专用车道内,只准许规定的车辆通行,其他车辆不得进入专用车道内行驶。

(6) 车辆、行人应当按照交通信号通行。遇有交通警察现场指挥时,应当按照交通警察的指挥通行;在没有交通信号的道路上,应当在确保安全、畅通的原则下通行。

2. 行人和乘车人通行规定

（1）行人应当在人行道内行走，没有人行道的靠路边行走。

（2）行人通过路口或者横过道路，应当走人行横道或者过街设施；通过有交通信号灯的人行横道，应当按照交通信号灯指示通行；通过没有交通信号灯的人行横道的路口，或者在没有过街设施的路段横过道路，应当在确认安全后通过。

（3）行人不得跨越、倚坐道路隔离设施，不得扒车、强行拦车或者实施妨碍道路交通安全的其他行为。

（4）行人通过铁路道口时，应当按照交通信号或者管理人员的指挥通行；没有交通信号和管理人员的，应当在确认无火车驶临后，迅速通过。

（5）乘车人不得携带易燃易爆等危险物品，不得向车外抛撒物品，不得有影响驾驶人安全驾驶的行为。

3. 机动车驾驶人及机动车通行规定

（1）驾驶机动车，应当依法取得机动车驾驶证。驾驶证要定期接受公安机关交通管理部门审验。驾驶机动车时，应当随身携带机动车驾驶证和车辆行驶证。公安机关交通管理部门以外的任何单位或者个人，不得收缴、扣留机动车驾驶证。

（2）驾驶人驾驶机动车上道路行驶前，应当对机动车的安全技术性能进行认真检查；不得驾驶安全设施不全或者机件不符合技术标准等具有安全隐患的机动车。

（3）机动车驾驶人应当遵守道路交通安全法律、法规的规定，按照操作规范安全驾驶、文明驾驶。饮酒、服用国家管制的精神药品或者麻醉药品，或者患有妨碍安全驾驶机动车的疾病，或者过度疲劳影响安全驾驶的，不得驾驶机动车。

（4）机动车上道路行驶，不得超过限速标志标明的最高时速。在没有限速标志的路段，应当保持安全车速。

（5）机动车通过交叉路口，应当按照交通信号灯、交通标志、交通标线或者交通警察的指挥通过；通过没有交通信号灯、交通标志、交通标线或者交通警察指挥的交叉路口时,应当减速慢行,并让行人和优先通行的车辆先行。

(6) 机动车遇有前方车辆停车排队等候或者缓慢行驶时,不得借道超车或者占用对面车道,不得穿插等候的车辆。机动车行经人行横道时,应当减速行驶;遇行人正在通过人行横道,应当停车让行。机动车行经没有交通信号的道路时,遇行人横过道路,应当避让。

(7) 机动车行驶时,驾驶人、乘坐人员应当按规定使用安全带,摩托车驾驶人及乘坐人员应当按规定戴安全头盔。

(8) 机动车在道路上发生故障,需要停车排除故障时,驾驶人应当立即开启危险报警闪光灯,将机动车移至不妨碍交通的地方停放;难以移动的,应当持续开启危险报警闪光灯,并在来车方向设置警告标志等扩大示警距离,必要时迅速报警。

(9) 机动车应当在规定地点停放。禁止在人行道上停放机动车,在道路上临时停车的,不得妨碍其他车辆和行人通行。

(10) 行人、非机动车、拖拉机、轮式专用机械车、铰接式客车、全挂拖斗车以及其他设计最高时速低于 70 千米的机动车,不得进入高速公路。高速公路限速标志标明的最高时速不得超过 120 千米。

4. 非机动车通行规定

(1) 驾驶非机动车在道路上行驶应当遵守有关交通安全的规定。非机动车应当在非机动车道内行驶;在没有非机动车道的道路上,应当靠车行道的右侧行驶。

(2) 电动自行车在非机动车道内行驶时,最高时速不得超过 15 千米。

(3) 非机动车应当在规定地点停放。未设停放地点的,非机动车停放不得妨碍其他车辆和行人通行。

5. 法律责任

据《中华人民共和国道路交通安全法》规定,对道路交通安全违法行为的处罚种类包括:警告、罚款、暂扣或者吊销机动车驾驶证、拘留。

(1) 行人、乘车人、非机动车驾驶人违反道路交通安全法律、法规关于道路通行规定的,处警告或者5元以上50元以下罚款;非机动车驾驶人拒绝接受罚款处罚的,可以扣留其非机动车。

(2) 机动车驾驶人违反道路交通安全法律、法规关于道路通行规定的,处警告或者20元以上200元以下罚款。本法另有规定的,依照规定处罚。

(3) 饮酒后驾驶机动车的,处暂扣6个月机动车驾驶证,并处1 000元以上2 000元以下罚款。因饮酒后驾驶机动车被处罚,再次饮酒后驾驶机动车的,处10日以下拘留,并处1 000元以上2 000元以下罚款,吊销机动车驾驶证。

醉酒驾驶机动车的,由公安机关交通管理部门约束至酒醒,吊销机动车驾驶证,依法追究刑事责任;5年内不得重新取得机动车驾驶证。

饮酒后或者醉酒驾驶机动车发生重大交通事故,构成犯罪的,依法追究刑事责任,并由公安机关交通管理部门吊销机动车驾驶证,终生不得重新取得机动车驾驶证。

(4) 对违反道路交通安全法律、法规关于机动车停放、临时停车规定的,可以指出违法行为,并予以口头警告,令其立即驶离。机动车驾驶人不在现场或者虽在现场但拒绝立即驶离,妨碍其他车辆、行人通行的,处20元以上200元以下罚款,并可以将该机动车拖移至不妨碍交通的地点或者公安机关交通管理部门指定的地点停放。

(5) 上道路行驶的机动车未悬挂机动车号牌,未放置检验合格标志、保险标志,或者未随车携带行驶证、驾驶证的,公安机关交通管理部门应当扣留机动车,通知当事人提供相应的牌证、标志或者补办相应手续,并可以处警告或者20元以上200元以下罚款。

(6) 非法安装警报器、标志灯具的,由公安机关交通管理部门强制拆除,予以收缴,并处 200 元以上 2 000 元以下罚款。

(7) 有下列行为之一的,由公安机关交通管理部门处 200 元以上 2 000 元以下罚款:

① 未取得机动车驾驶证、机动车驾驶证被吊销或者机动车驾驶证被暂扣期间驾驶机动车的;

② 将机动车交由未取得机动车驾驶证或者机动车驾驶证被吊销、暂扣的人驾驶的;

③ 造成交通事故后逃逸,尚不构成犯罪的;

④ 机动车行驶超过规定时速 50% 的;

⑤ 强迫机动车驾驶人违反道路交通安全法律、法规和机动车安全驾驶要求驾驶机动车,造成交通事故,尚不构成犯罪的;

⑥ 违反交通管制的规定强行通行,不听劝阻的;

⑦ 故意损毁、移动、涂改交通设施,造成危害后果,尚不构成犯罪的;

⑧ 非法拦截、扣留机动车辆,不听劝阻,造成交通严重阻塞或者较大财产损失的。

行为人有前款第 2 项、第 4 项情形之一的,可以并处吊销机动车驾驶证;有第 1 项、第 3 项、第 5 项至第 8 项情形之一的,可以并处 15 日以下拘留。

(8) 驾驶拼装的机动车或者已达到报废标准的机动车上道路行驶的,公安机关交通管理部门应当予以收缴,强制报废。

二、提高交通事故的防范能力

大学生发生的交通事故,多与同学们的交通安全意识淡薄有关。对己而言,表现为盲目自信,在步行、驾驶机动车或非机动车时,认为自己的身体素质好,反应快,驾驶技术高超,遇到紧急情况能有效处理,常会有意或无意违反交通安全规定,导致交通事故发生。对他人,认为别人的交通安全意识强、素质高,能严格遵守道路交通安全管理法规,而且机动车或非机动车性能都很好,尤其是机动车辆,不管什么情况下遇到"我",不会撞倒"我"。因此,"我"是绝对安全的。但已经发生的大量血淋淋的交通事故告诉我们,这种想法是严重错误的。同时也在警示同学们,不能用自己的生命作为筹码,去验证其正确性。毕竟人的生命只有一次。

1. 增强道路交通安全危机意识

我们在校内还是在校外,在步行还是在驾驶,都要时刻小心。一方面要防止别人给你造成伤害,另一方面不要给别人造成伤害。大学生应该自觉遵守交通法规,不要在校园道路上进行娱乐或嬉戏、打闹,不要在行走或骑车时戴耳机听音乐或听外语。

2. 养成规范的交通安全行为习惯

(1) 学会走路

① 行人应行走在人行道内,没有人行道的要靠边行走。

② 通过路口或横过马路时,按照交通信号灯指示或听从交通民警的指挥通行。有交通信号控制的人行横道,应做到红灯停、绿灯行;从没有交通信号控制的路口通过时,须注意来往车辆,不要追逐猛跑;有人行过街天桥或隧道的须走人行过街天桥或隧道。

③ 走路时要集中精力,要"眼观六路,耳听八方",不带耳机听音乐;不要在道路上滑滑板、溜旱冰。

④ 做到"六不要"。不要在道路上玩耍、坐卧或进行其他妨碍交通的行为;不要钻越、跨越人行护栏或道路隔离设施;不在道路上追逐打闹;不与机动车抢道,不突然横穿马路、翻越护栏;不闯红灯,不进标有"禁止行人通行"、"危险"等标志的地方;不要进入内环路、外环路、高速公路、高架道路及行车隧道或者有人行隔离设施的机动车专用道。

(2) 学会安全骑电动车或自行车

① 在划分机动车道和非机动车道的道路上,电动车或自行车应在非机动车道行驶。在没有划分中心线和机动车道与非机动车道的道路上,机动车在中间行驶,自行车应靠右边行驶,不要载人。

② 电动车或自行车车闸、车铃必须保持有效。

③ 电动车或自行车转弯前须减速慢行，向后瞭望，伸手示意，不要突然猛拐。超越前车时，不要妨碍被超车的行驶。

④ 通过陡坡，横穿 4 条以上机动车道或途中车闸失效时，须下车推行。下车前须伸手上下摆动示意，不要妨碍后面车辆行驶。

⑤ 不要双手离把，攀扶其他车辆或手中持物。不要牵引车辆或被其他车辆牵引。同朋友骑车上路不要扶身并行，更不可互相追逐或竞驶，不能在非机动车道上逆向行驶。

⑥ 不要抢路，尤其是不要和机动车抢路，以免出事；不要逞强，如上坡时用力过猛易拉断链条，下坡时不捏闸易失去控制而酿成大祸，弯路上不减速易冲出路面。

(3) 学会安全乘坐机动车辆

① 出行时，无论是短途还是长途，首先要选择安全性能有保障的车辆，不要乘坐"马自达"、私人摩托车，以及违法运行的面包车等黑车。

② 乘坐公共汽车、电车和长途汽车，须在站台或指定地点依次候车，待车停稳后，先下后上。下车后，不要突然从车前、车后走出或猛跑穿越马路，防止被来往车辆撞上。

③ 不要在车行道上招呼出租车，以免被疾驰而至的汽车、自行车撞伤。

④ 车辆行进中，不要将身体的任何部分伸到车外，防止被车辆剐撞，或被树木、建筑物剐撞。同时，机动车在行驶中，严禁乘车人扒车和跳车。

⑤ 乘车人不要同司机攀谈，不应催促司机开快车，或用其他方式妨碍司机正常驾驶。

⑥ 要注意坐法。车子在遇到猛烈的冲击时，人体会向前倾倒，接着反弹向后恢复原位，而脖子也跟着向后用力冲击，因此容易撞到颈椎，导致严重的伤害。如果侧着身体，就能保护脖子。其次，向后恢复原位时身体再向前猛倒，头、脸有撞到前面坐椅靠背的危险。避免的方法是立即伸出一只脚，顶在前面坐椅的背面，并张开

手掌,如拳击手保护头、脸一样。

⑦ 要系好安全带。研究发现,如果乘客没有系上安全带,撞上其他乘客更危险,他本身的重量加上相撞时的冲力,会对自己和其他乘客的安全构成极大的威胁。

(4) 学会安全乘船

① 不夹带危险物品上船。

② 不要乘坐缺乏救护设施、无证经营的小船,也不要冒险乘坐超载的船只或者"三无"船只(没有船名、没有船籍港、没有船舶证书)。

③ 上下船时,必须等船靠稳,待工作人员安置好上下船的跳板后方可行动;上下船不要拥挤,不随意攀爬船杆,不跨越船挡,以免发生意外落水事故。

④ 上船后,要仔细阅读紧急疏散示意图,了解存放救生衣的位置,熟悉穿戴程序和方法,留意观察和识别安全出口处,以便在出现意外时掌握自救主动权。同时按船票所规定的舱位或地点休息和存放行李。行李不要乱放,尤其不能放在阻塞通道和靠近水源的地方。

⑤ 客船航行时不要在船上嬉闹,不要紧靠船边摄影,也不要站在甲板边缘向下看波浪,以防眩晕或失足落水;观景时切莫一窝蜂地拥向船的一侧,以防船体倾斜,发生意外。

(5) 学会安全乘坐飞机

① 预定航空公司的飞机座位后,要在起飞前的1~2日之内办理确认手续,提前1~2小时办理登机手续。

② 行李中不能夹带枪支、弹药、凶器和易燃易爆物品,也不能夹带国家禁止出境的文物、动物、植物、艺术品和其他物品。

③ 对号入座,随身携带的行李放入头部上方的行李箱中。

④ 在飞机起飞、降落和飞行颠簸时要系好安全带。初次飞行者或身体不适者会感到耳胀、心跳、头痛,此时可张合口腔,或是咀嚼口香糖之类的食物,使耳内压力减轻。

⑤ 飞机起飞后，乘务员会通过录像或亲自示范讲解安全带、救生衣、紧急出口等设备设施的使用方法，要注意听讲并理解。

⑥ 随时听从乘务员或其他机组人员的命令或帮助。

（6）学会安全乘坐火车

① 按照车次的规定时间进站候车，以免误车。

② 在站台上候车，要站在站台一侧白色安全线以内，以免被列车卷下站台，发生危险。

③ 列车行进中，不要把头、手、胳膊伸出车窗外，以免被沿线的信号设备等剐伤。

④ 不要在车门和车厢连接处逗留，那里容易发生夹伤、挤伤、卡伤等事故。

⑤ 不带易燃易爆的危险品（如汽油、鞭炮等）上车。

⑥ 不向车窗外扔弃废物，以免砸伤铁路边行人和铁路工人，同时也避免造成环境污染。

⑦ 乘坐卧铺列车，睡上、中铺要挂好安全带，防止掉下摔伤。

⑧ 保管好自己的行李物品，注意防范盗窃分子。

三、正确、有效处理交通事故

一旦发生了交通事故，同学们一定要冷静面对，同时又要正确、有效、积极地处置。交通事故的处理程序复杂，政策性强，必须以事实为依据，依法处理。在处置时，同学们要把握好 3 个基本原则，同时也要了解相关的法律规定。

1. 处置交通事故的 3 个原则

（1）及时报案。无论在校外还是在校内，一旦发生交通事故，首先想到的就是要及时报案。在校内可以直接报告保卫部门；在校外要立即拨打交通事故报警电话"122"，同时还应该及时与学校老师和保卫部门取得联系。由学校出面处理有关事宜更有利于事故快速、公正的处理，千万不能与肇事者"私了"。

（2）抢救伤员保护好现场。采取正确有效的方法抢救伤员，对减少伤者痛苦或挽救伤员生命具有十分重要的意义。遇有人员受伤时,要迅速拨打"120"急救电话,并尽量保护好事故现场。事故现场的勘查结论是划分事故责任的重要依据之一,若现场没有保护好,就会给交通事故处理带来一定的困难,往往会造成"有理说不清"的情况。切记,发生交通事故后,在抢救伤员的同时要保护好事故现场。

(3) 控制肇事者。在保证自身安全的前提下,控制肇事者。若肇事者想逃跑,自己不能控制的,可以拨打公安"110"报警电话,也可以求助现场周围的热心人帮忙控制。若实在无法控制也要记住肇事车辆的车牌号、车型、颜色等特征,为交通事故的侦破和事故处理提供可靠的证据线索。

2. 交通事故处置的相关法律规定

(1) 在道路上发生交通事故,未造成人身伤亡,当事人对事实及成因无争议的,可以即行撤离现场,恢复交通,自行协商处理损害赔偿事宜;不即行撤离现场的,应当迅速报告执勤的交通警察或者公安机关交通管理部门。

在道路上发生交通事故,仅造成轻微财产损失,并且基本事实清楚的,当事人应当先撤离现场再进行协商处理。

(2) 对交通事故损害赔偿的争议,当事人可以请求公安机关交通管理部门调解,也可以直接向人民法院提起民事诉讼。

经公安机关交通管理部门调解,当事人未达成协议或者调解书生效后不履行的,当事人可以向人民法院提起民事诉讼。

(3) 机动车发生交通事故造成人身伤亡、财产损失的,由保险公司在机动车第三者责任强制保险责任限额范围内予以赔偿。超过责任限额的部分,按照下列方式承担赔偿责任:

① 机动车之间发生交通事故的,由有过错的一方承担责任;双方都有过错的,按照各自过错的比例分担责任。

② 机动车与非机动车驾驶人、行人之间发生交通事故的,由机动车一方承担责任;但是,有证据证明非机动车驾驶人、行人违反

道路交通安全法律、法规，机动车驾驶人已经采取必要处置措施的，减轻机动车一方的责任。

③ 交通事故的损失是由非机动车驾驶人、行人故意造成的，机动车一方不承担责任。

第七章 盗抢案件的预防与应对

随着改革开放的深入,校园及周边环境日趋复杂化,盗窃、抢劫、抢夺案件时有发生,影响了学校和学生的工作和生活。尤其是大学生,他们年纪轻、缺乏社会生活经验,且安全防范意识薄弱,发生的盗窃、抢劫、抢夺案件,给他们的生命、财产带来严重的损害。本章通过一些典型案例,教育广大学生如何增强安全防范意识和防范技能;避免和减少危害安全事故的发生。

第一节 案例与分析

典型案例1

2013年6月,四川某大学报案,该校重点实验室4台电脑显示器被盗。经调查发现,这已经是该校实验室第4次被盗,前后已有20多台电脑不翼而飞。7月4日凌晨4点,该校的巡逻队在巡查时,一个文质彬彬、背着鼓鼓囊囊大包的男子引起了他们的注意。在巡逻人员的要求下,该男子打开背包,发现包内竟藏有多台笔记本电脑。人赃俱获,巡逻队员当即报警。

案例分析:该案发生于凌晨,办公室内活动人员较少,给犯罪分子留下作案机会,他作案后可从容逃离现场;犯罪分子是大学生,这一身份给他在高校作案具有很大的隐蔽性。另外,该校实验室先后4次被盗,也说明一些师生员工的防范意识淡薄,防范措施不力。

典型案例2

2013年夏天一个闷热的深夜，上海某高校男生宿舍门敞开着，大约在凌晨3点，一个黑影蹿进了该宿舍行窃。第二天，同学们发现物品被盗，经清点，被盗的物品有两部手机、现金、银行卡、饭卡等，价值3000多元。

案例分析：从这个案件发生的情况看，该宿舍同学的安全防范意识缺乏：夜间休息门窗不关，又未采取必要的安全措施。几个人同住一室，相互间有很大的依赖性，存在着麻痹心理，给犯罪分子行窃以可乘之机。

典型案例3

2013年8月31日下午4时左右，安徽某大学的一栋宿舍楼里，大学生小孙回来后，发现宿舍门是反锁的，以为是哪个室友在里面，于是就敲门。待小孙进宿舍后，发现里面并没有室友，只有一个陌生的、学生模样的男子，便询问其是干什么的。那名男子谎称是来这个宿舍找某某人的，小孙说这里根本没有这个人，他觉得这名男子非常可疑。联想到周围宿舍近期也丢了两台电脑，小孙便不让他走。趁小孙不备，那名男子立即逃走了。接到报警后，派出所的民警迅速赶到现场，在该校老校区内搜寻，终于将这名小偷抓获。在其随身携带的物品中，民警发现了自制的开锁工具和部分现金。经审查，这名小偷竟然是在校大学生，曾流窜多所高校，作案多起，涉案金额2万多元。

案例分析：下午4时左右，一般是学生的上课时间，同学们都去教室上课了，大部分房间内没有人。而犯罪嫌疑人，有的本身就是大学生。他们以找老乡、找朋友为借口，光顾宿舍，然后用你的钥匙开你的锁，或用易拉罐皮制作"万能"钥匙等，进行智能型违法犯罪活动。如上所述，正是由于犯罪嫌疑人比较"聪明"，利用自制的开锁工具第一次作案"首战告捷"以后，产生了侥幸心理，加之报案的滞后性或破案的延迟性,犯罪嫌疑人屡屡作案而形成一定的连续性。

 典型案例4

2013年江苏某高校一学院组织一场大型毕业晚会,很多担任演员或主持人的同学把装有手机的包随意放在后台地板上。节目开始后,一个学生模样的男子翻了几个包后迅速离开,晚会结束后,同学们发现丢失了3部苹果手机。

案例分析:在一些大型活动、体育比赛现场等公共场所,现场人员复杂,流动频繁,加上不法分子年龄、穿着、相貌等与在校学生相仿,且作案方法多样、手段隐蔽,因此其得手率高,抓获难度大。在这样的场所,不法分子往往趁人不备,伺机作案,将钱物窃为己有。该案提醒我们,越是大型活动越要加强自身物品保管,必要时应派专人值守,不给不法分子作案机会。

 典型案例5

江苏某高校学生李某报案称她在建设银行的存款3 800元被人分4次盗取了3 700元。警方经过调查认定作案嫌疑人为桂某。桂某与李某同住一寝室,平时关系不错。在一次结伴到银行取钱的过程中,有心的桂某记住了李某的银行卡密码,于是伺机作案并得手。

案例分析:以上案例中的犯罪嫌疑人利用了同学、朋友的关系进行作案,被害人本人很难想到,有一定的隐蔽性。案例中,李某由于与桂某同住一寝室,平时关系不错,可能平时碍于面子,不重视个人信息安全,疏于警惕,给犯罪嫌疑人提供了方便。有的同学使用的信用卡还是原始密码,更容易被窃。如果觉得密码可能被别人知道,最好及时修改密码,加以防范。

典型案例6

2013年10月,江苏某高校学生食堂就餐高峰连续发生学生手机被盗案件,被盗者多为女生。接到报案后,当地派出所经过查看录像、现场蹲守等方法终于将一犯罪团伙抓获。经审讯,这一团伙经常利用中午学生吃饭的时间流窜到各高校作案,在学生就餐的高峰期,利用身体阻挡等方式偷窃学生放置在口袋和背包里的手机财物等。

案例分析:该案犯罪嫌疑人作案地点选在食堂,作案时机选在同学排队买饭时,人多拥挤,且大家比较专注买饭,易忽视其他与己无关的事情。有些同学随意将手机搁置于书包外侧或衣服口袋,有些女生背包拉链不拉或外衣口袋口较宽,都给犯罪分子提供了作案机会。犯罪分子团伙作案,他们相互掩护,同学们很难发现财物被盗。该案提醒我们,在拥挤的公共场合,应提高自身的防范能力,在有人推拥时尤其要提高警惕,将自己的财物妥善放置,不给犯罪分子以可乘之机。

 典型案例7

2014年3月4日17时许,江苏某高校两个班级男生在球场进行篮球比赛,不少同学将手机放在衣服口袋中,衣服便放在篮球架下面和球场旁。18时许,李某某因有事要离去,拿起衣服,发现衣服口袋里的手机被偷,接着其他同学去检查自己的衣服,多名同学也发现手机和钱包被偷,共被窃手机3部,钱包2只。报案后在学校监控中显示,作案人也穿运动服,利用拿饮料来掩护,偷取了别人的财物,得手后迅速离开球场。

案例分析:作案人作案地点选在体育场,打球时人员混杂。同学认为物品放在自己的视线范围内。照明条件比较好,就疏于对自身物品的看管;小偷正是利用机会,使得球场上的同学疏于对他的监视,接近目标,眼皮底下的盗窃就这样发生了。该案提醒我们,运动时要加强防盗意识,最好不要带贵重物品,或请专人看管财物,不让小偷得手。

典型案例8

2013年5月17日晚上,江苏某高校学生柳某一人行走在回校路上,此时路上已经鲜有人迹。"往哪儿走!"就在柳某埋头往学校赶的时候,两名男子突然从路边跳了出来。"你在外面得罪人了,对方出了3 000元,要我们来卸你胳膊。"两名男子恶狠狠地对他说。"我没有得罪什么人啊?""我们不管,拿别人钱,就要替别人办事。"两名男子没有放走柳某的意思。"别伤害我,身上有500元,全部给你们,"柳某主动妥协了。"跟我们走,让你的朋友和亲戚再打点钱。"晚上11时30分左右,两名男子将柳某挟持至一家宾馆。在宾馆内,柳某通过亲朋好友,最终筹足了2 000元,并将钱汇进两名男子指定的账户里。两天后,两名男子又用同样的方式抢劫了另一位大学生江某1 500元。警方经过缜密侦查,终于将两个90后"网虫"抓获。

案例分析:该案发生在夜晚鲜有人迹的路上,被抢的同学缺乏一定防范意识,深夜单独行走,远离人群,被抢后连报案的机会都没有,更不用说是救援了。案件提醒我们在僻静的地方,最好和其他同学结伴而行,尽量不要深夜出门。在遇到抢劫时,可将少量的钱物交出,稳住犯罪嫌疑人,避免更大的人身伤害,并伺机及时报警。

典型案例9

2014年4月16日晚7时30分左右,在江苏某高校就读的学生王某从网吧返回学校,来到红绿灯路口准备坐车时,一个与其一起上网年龄相仿的年轻人上前拦住了他,让王某把手机借给他用用,过两天到网吧还给他。王某觉得这人比较邪气就没吭声。年轻人将手伸进他的口袋,将手机抢走。随后王某报案,警察在学校旁边的一家网吧内找到了正在上网的嫌疑人刘某。据刘某交代,他从陕西老家来到江苏后,一直靠打零工为生,好不容易攒了些钱买了部二手手机,前两天却被一伙人抢走。心有不甘的刘某竟决定如法炮制,也抢部手机自己用,并将目标盯上了经常在网吧上网的学生王某。

案例分析:网吧是较为复杂的场所,学生由于缺乏社会经验,防范能力较弱,往往成为一些不法分子侵财的目标。王某由于经常在网吧上网,上网时间和生活规律已被犯罪嫌疑人刘某掌握,因而成为犯罪嫌疑人抢劫的目标。大学生在校外网吧等公众场所要提高警惕,避免人身伤害和财产损失。

第二节 防范措施

一、大学生预防盗窃的方法

1. 预防盗窃,需做到以下几点:

(1) 妥善保管好现金、银行卡等;不要随身携带大量的现金,大宗现金最好存入银行。

(2) 保管好自己的贵重物品,不要随便放在桌上、床上,要放在抽屉、柜子里,并且锁好。寒暑假时应将贵重物品带走,或托可靠人保管。

(3) 养成随手关窗锁门的习惯。上课、参加集会、出操、锻炼身体等外出离开宿舍时,要关好窗、锁好门。

(4) 在教室、图书馆、食堂等公共场所,不用书包占座,妥善保管好自己的贵重物品。

(5) 不要违反学校规定,留宿他人,更不能丧失警惕,引狼入室。

(6) 发现形迹可疑的人应保持警惕,及时向值班员报告。

(7) 做到换人换锁,不把钥匙随便借给他人,防止宿舍被盗。

2. 预防银行卡被盗提,需做到以下几点:

(1) 如银行卡不慎遗失,应立即持本人身份证去银行挂失,防止存款被冒领。存折或银行卡要妥善保管,不可随意放置,不要与有效证件放在一起。

(2) 办卡时警惕不法分子与自己接触,伺机盗取你的身份资料,伪造你的身份证去银行挂失,再办理新卡,非法占有你的资金。

(3) 银行卡密码要注意保密。在银行办理业务时,警惕不法分子偷窥你的银行卡密码、卡号。手续办完,将废单撕碎扔进纸篓,不因自己的疏忽而给不法分子以可乘之机。

(4) 警惕不法分子故意使取款机产生"吃卡"现象,然后再在取款机上张贴"紧急告示",要求用户按通告进行操作,以此来获取你的资料信息,盗取资金。

3. 预防贵重物品被盗,需做到以下几点:

(1) 如学校提供密码保险箱,贵重物品可存放在保险箱中。

(2) 不用的现金可存放于带锁柜中,避免随身携带。如需随身携带,最好放在贴身内衣口袋里。

(3) 存放个人物品的桌柜钥匙要妥善保管,不要随便借给他人。

(4) 平时养成随手关门关窗的习惯,离开宿舍时,必须关好门窗。

(5) 手机是你和外界联系的重要工具,也是不法分子盗窃的常见目标。平时妥善保管,不可人机分离。

(6) 当电脑放在教室或宿舍,如人需离开或电脑暂时不用时,要将电脑锁进箱柜,或随身带走,妥善保管。

二、大学生预防抢劫、抢夺的方法

1. 根据大学校园中抢夺、抢劫案件的特点,防范抢夺、抢劫案件的发生,要做到以下几点:

(1) 外出时不要携带过多现金和贵重物品,必须携带时,应请同学随行。

(2) 不外露或向人炫耀贵重物品。提取较大数额现金时,尽量在柜面点清楚,避免在大厅反复清点。

(3) 夜间外出尽量向有人、有灯光的地方走。发现可疑人跟踪,不要害怕,可以大声呼叫同学、老师的名字。

(4) 不要将装有贵重物品的包随便放在自行车篓里,车篓不是保险箱,很容易被抢夺。有些歹徒盯上目标后,还常常会在自行车轮上缠绕麻绳、铁丝等,一旦车主埋头清理时,就下手飞快将车篓内物品抢走。

(5) 歹徒作案通常会使用摩托车等交通工具,得手后迅速逃离。靠内侧行走无疑会增加歹徒作案难度。最好将包斜挎,如果靠右行,包最好也在右边,如是两人行,则包在两人中间比较安全。

2. 遭到抢劫、抢夺时,应采取以下措施:

遭到抢劫、抢夺时,应当沉着冷静应对,保持镇定,冷静分析所处环境,采取适当的策略。

(1) 案发时要尽力周旋。冷静观察身边环境,利用砖头、木棒等与犯罪分子对峙,使其短时间内无法近身,争取时间或对犯罪分子造成心理压力,以便伺机逃脱。

(2) 巧妙麻痹作案人。当处于作案人的控制下而无法反抗时,可按作案人的要求交出部分财物,并采用说服教育、晓以利害,造成作案人心理上的恐慌。切不可一味地求饶,而是要保持镇定,可与作案人说笑斗口,采取幽默方式表明自己已交出全部财物并无反抗的意图,使作案人放松警惕,以便自己看准时机进行反抗或逃脱。

(3) 采用间接反抗法。要注意观察和记住作案人的特征(包括身高、年龄、体态、衣着、伤疤等)。或趁其不意时在作案人身上留下记号,如在其衣服上擦点泥土、血迹,在其口袋中放点有标记的小物件。在作案人得逞后注意其逃跑的去向。

(4) 及时向公安机关、学校保卫部门报案,以利于案件侦破,追回损失。作案人得逞以后,很有可能继续寻找下一个抢劫目标,甚至有可能在附近的商店和餐厅进行挥霍。

（5）无论在什么情况下，遇到抢劫时只要有可能就要大声呼救，或故意提高声音与作案人说话，力争得到附近同学或过路人的援助。

第八章　网络侵害的防范与处置

　　互联网自20世纪90年代落户中国以来,以"世界触手可及"之优势,颠覆性地改变着我们传统的学习、工作、生活方式。通过网络,我们可以足不出户地购得自己中意的商品;通过网络,我们可以与素昧平生的人互相交流,排解压力;通过网络,我们不需见老师就可以享受面对面的辅导;通过网络,我们可以便捷地获取自己需要的信息。网络使人们的沟通更加便捷,生活愈发丰富多彩。但是,当感受到网络积极作用的同时,我们也必须注意到,一些人特别是部分大学生沉迷于虚幻的网络中,对网络信息缺乏必要的甄别能力,自我保护意识淡薄,给别有用心的人提供了可乘之机。一些不法分子利用网络的隐蔽性和少数学生对网络的轻信,发布虚假信息,实施骗钱害人的违法犯罪行为。现实生活中,因迷恋、轻信网络而上当受骗甚至酿成悲剧的事情屡屡发生,给部分学生及其家庭带来了严重危害,也影响了社会安定和谐。作为当代大学生,了解网络活动中可能遇到的安全问题,掌握基本的防范方法和相关法律知识,是避免在网络活动中受到伤害,保障个人健康成长的重要内容。

第一节　案例与分析

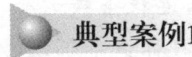
典型案例1

　　江苏某高校学生陈某,由于第一学年功课跟不上,多门挂科被学校勒令退学。曾经的天之骄子,却无奈退学,造成这一后果的罪魁祸首就是网络赌博游戏。自从陈某上了大学以后,便疯狂地迷上了网络"猜猜猜"的网络赌博游戏,一有空就泡在网络游戏平台上,有时连饭都顾不上吃,以至于逃课也成了家常便饭。赢钱时的刺激,输钱时的翻本心理,使他一发不可收拾。大一第一学期,陈某就"挂"了5科。此时的陈某还不醒悟,突然有一天,当他发现充值到某网站规定的账号里的钱已经用完,就继续用父母给的生活费、零花钱玩。为了翻本,到后来甚至从父母那里骗钱玩。第二学期结束,由于挂科严重,小陈被学校勒令退学。小陈荒废了学业,并且因迷恋网络赌博已经输掉了3万余元,落得人财两空的悲剧。

案例分析:像陈某这样的学生往往沉溺在虚拟世界里,不仅逃避现实世界,并且导致了其人际交往方面的能力显著退化。这一现象在大一的新生中尤为突出,其原因一方面是有的学生在中学里被管得太紧,有了逆反心理,进了大学,学习氛围轻松起来,便在网上拼命放松自己;另一方面是有些学生进入新的学习环境和人际交往领域后,适应能力不强,一旦不合群便产生失落感,就往往以网络为寄托,寻找网友倾诉心声;还有的大学生比较争强好胜,但在现实生活中难以实现他的胜利梦想,便转而到网络上寻求心理补偿。随着网络的不断普及,加之有的大学生自控能力较差,网络成瘾在大学生所面临的网络安全问题中占有很大比例。

典型案例2

2013年10月,江苏某高校大一新生李某在网上认识了一名女网友,两人聊得非常投机,该女子主动给李某发了自己的照片,并邀约其出来见面。李某见该女子相貌乖巧,是自己心仪的类型,便欣然赴约。见面后,该女子将李某带至一家比较偏僻幽静的茶楼消费,结账时李某发现二人消费竟高达1 300余元,遂找茶楼老板理论,老板叫来数名彪形大汉,威胁李某。后李某假称钱不够,借打电话叫同学送钱之机,发短信请同学帮忙报警。在民警的帮助下,李某才被解救回校。

案例分析:很多犯罪分子利用网络平台,在上网聊天时寻找目标实施诈骗、抢劫、强奸等犯罪活动。大学生的防范意识不强,在聊天过程中,常常会泄露大量的个人信息,而成为这些犯罪分子的目标。上述案例,就是社会上常见的所谓"茶托"。社会上一些不法人员利用大学新生社会阅历浅、易轻信他人的弱点,实施犯罪,要引起大学生的高度警惕。

典型案例3

2012年3月某高校大学四年级学生王某,经常在网络上浏览境外一些不良网站的信息,并与他们取得了联系,获得了境外组织提供的所谓全额奖学金,遂决定终止国内的学习,出国留学。殊不知上当受骗,最后落入境外恐怖组织的训练营。

案例分析:国内外敌对势力利用互联网刊载大量反动性、煽动性和低级庸俗的内容,宣传西方文化、思想等。大学生由于生理、心理等因素,他们的世界观、人生观和价值观尚处于发展期,容易受到外界社会思想的冲击。一些大学生在由于缺乏先进思想文化的正确引导,大量接受西方文化影响和不良信息的侵害,丧失正确的世界观、人生观和价值观而误入歧途。更有甚者受人煽动做出不适当的行为举动。

典型案例4

2013年5月,江苏某高校大二女生钱某在某网站上看到一款戴尔笔记本电脑,上面标注的价格只有该款计算机市场价格的3/4。对该款笔记本心仪已久的她没有来得及多想,就拨通了网页上留下的联系电话。对方在电话里天花乱坠地对钱某进行了一番游说之后,单纯的钱某先后3次向对方提供的所谓的第三方账号汇款近4 000元。后联系不上对方(对方关机),钱某才发现自己上当受骗。

案例分析:近年来网络购物发展迅速,因其便捷性而成为大学生购物的一种潮流性选择,大学生在网络消费群体中占很大比例。很多大学生对于网络购物的安全知识了解甚少,在网络购物过程中,一些同学被骗上当,因为不注意在正规的网站购物,也不清楚网络购物的规则,轻信虚拟网络。同时还有个别同学轻易泄露了个人信息,造成了个人财产的损失。

典型案例5

2011年9月,网民"七匹狼"和"天使"先后在某高校网站论坛发表文章,称某大学的大门口晚上九点后有社会闲杂人员对女生进行跟踪并性侵。这些谣言在部分学生中很快流传,并出现多个版本,造成混乱和恐慌。对此,公安部门迅速组织警力调查核实:在高校周边未发生恶性案件,更没有发生网上所说的社会闲杂人员对女生跟踪性侵的恶性案件。调查情况充分证明,所谓"跟踪、性侵案件"纯属恶意的谣言。经深入调查,民警很快查获在网上散布谣言的"七匹狼"和"天使",他们分别是某大学的学生顾某和蔡某。面对民警的调查,两人都承认在网上发布了上述谣言来吓唬吓唬女生。目前,警方已对这两名学生依法进行了教育和处罚。

案例分析:这是一起典型的利用互联网论坛散布谣言,危害社会安全的行为。现代社会,网络传播迅猛,网民急剧增加。然而,由于网络法律仍未健全,网络道德尚需建构,以致网络道德缺失,很多网民利用电子邮件或者在博客、BBS、微信、QQ空间等网络载体上散布谣言或虚假信息,进行人身攻击,披露他人隐私,偷看他人邮件,冒用他人网名等损害他人名誉比比皆是。

典型案例6

某高校学生阎某,因不满学校对其记过的处理决定影响其毕业时的学位,竟"侵入"该校学生工作网,篡改网站上的处理决定,将"记过"改为"通报批评";同时删除了该网站的部分信息。幸亏被网站管理人员及时发现,才未造成较大影响。阎某的行为已涉嫌非法侵入计算机信息系统,他受到了治安拘留5日的处罚。

案例分析:阎某的行为是典型的利用网络黑客技术危害网络运行安全的行为。在中国法律管辖的范围内,所有利用计算机信息系统及互联网从事活动的组织和个人,都不得进行相关的违法犯罪活动,否则,必将受到法律制裁。

典型案例7

邱某,男,江苏某高校大学生。2012年1月以来,该犯罪嫌疑人在网上通过银行汇款的方式租用了南京某网络公司的一台服务器,建立名为"欢乐时空"的淫秽网站,并邀约另一犯罪嫌疑人洪某共同维护该网站。网站通过QQ聊天的方式吸引网民加入,注册会员高达42万余人。通过收取VIP会员费、广告费,二人共获利6万多元,因犯罪被公安机关拘捕。

案例分析:利用互联网危害市场经济秩序,利用网络制作、复制、传播色情淫秽物品,盗取他人网上银行财物,在网上从事赌博、毒品交易等行为都是违法行为。所有大学生都要引以为戒。

典型案例8

2011年8月至2012年12月间,被告人王某利用网络平台,在互联网上非法从事买卖公民个人信息等活动。期间,王某从互联网上非法购买他人户籍信息、车辆信息、个人信用信息、出入境信息、宾馆住宿信息、手机通话记录、联通手机卫星定位信息等公民个人信息70余次。其中被王某加价出售,获利10 000余元。法院经审理认为,被告人王某以非法方法获取公民个人信息,情节严重,其行为已构成非法获取公民个人信息罪,一审判处被告人王某有期徒刑6个月,并处罚金10 000元。

案例分析:当前,QQ群成为犯罪嫌疑人专门从事非法获取、出售公民个人信息的重要平台。首先,中间人在QQ群招揽"生意","下家"向他们提出信息需求;然后,中间人通过联系能够提供这些信息的"上家",由他们查询到公民个人信息后再转卖给相关人员。大学生要切实增强个人信息保护意识,不要轻易将个人信息提供给无关人员;发现个人信息被泄露并造成严重后果的,要及时向当地公安机关报案。

第二节 防范措施

网络安全的保护既是一个复杂的技术问题,又是一个重要的管理问题,它涉及技术、管理、环境、法规、监控等方面。其中最重要、最核心的是要自主创新、突破垄断,开发出自己的计算机操作系统、防范非法入侵的软件与芯片技术。保证网络安全,要从软件与硬件两个方面加强技术防范与保护。在硬件方面要保证计算机网络服务的设施、线路的安全与稳定,防止自然灾害与人为因素的破坏与损坏,这是信息与网络安全的基础。在软件技术保护方面,目前主要是防止计算机病毒、防止黑客攻击,防止各种非法侵入与犯罪。防范措施主要有下列几个方面。

一、避免沉溺网络

网络作为一种新的情感沟通手段——网上聊天、交友以及新的娱乐方式,在给学生带来新奇、便利体验的同时,也给学生带来了负面影响。大学生上网成为一种时尚,"网上垃圾"也开始日益侵蚀学生纯洁的心灵,毒害他们的身心健康,严重影响他们的成长。

1. 网络成瘾综合征

青少年是网络活动的主体,青少年的网络成瘾问题已经引起了社会各界人士的重视。在网络心理问题中,最严重的是网络成瘾综合征。"网瘾"就是指网络成瘾综合征(简称 IAD),即对现实生活冷漠,而对虚拟的网络游戏、情爱、信息等沉溺、痴迷。它是一种行为过程,也是行为发展的终结。"网络沉迷"就是运用网络来管制自我,病态地执著于网络的症状。网络沉迷的人群,往往不能区分现实与虚幻,从而产生心理上的错位,对学业(工作)和家庭及人际关系产生巨大影响。IAD患者最主要的表现为由于过度使用互联网而导致个体明显的社会、心理功能损害。

我国专家对网络成瘾提出了9条诊断标准:

(1) 渴求症状(对网络使用有强烈的渴求或冲动感);

(2) 戒断症状(易怒、焦虑和悲伤等);

(3) 耐受性(为达到满足感而不断增加使用网络的时间和投入的程度);

(4) 难以停止上网;

(5) 因游戏而减少了其他兴趣;

(6) 即使知道后果仍过度游戏;

(7) 向他人撒谎玩游戏的时间和费用;

(8) 用游戏来回避现实或缓解负性情绪;

(9) 玩游戏危害到或失去了友谊、工作、教育或就业机会。

判断某人有网瘾,必须要同时符合以上5条或5条以上。

一般认为,网络成瘾可分为网络交际成瘾、网络色情成瘾、网络游戏成瘾等。

网络成瘾症治疗主要有以下措施:

(1) 程度较轻的网络成瘾者可以通过自我调适摆脱网络成瘾的困扰,主要采用以下方法:

① 科学安排上网时间,合理利用互联网。首先,要明确上网的目标,上网之前应把具体要完成的工作列在纸上,有针对性地浏览信息,避免漫无目的地上网。其次,要控制上网操作时间。每天操作累积时间不应超过1小时,连续操作1小时后休息30分钟左右。再次,应设定强制关机时间,准时下网。

② 用转移和替代的方式摆脱网络成瘾。用每个人所特有的其他爱好和休闲娱乐方式转移注意力,使其暂时忘记网络的诱惑。例如,喜欢体育运动的人可以通过打球等方法有效地转移注意力,

以减少对网络的依赖。

③ 培养健康、成熟的心理防御机制。研究表明,网络成瘾与人格因素(个性因素)有关,一定的人格倾向使个体易于成瘾,网络只是造成成瘾的外界刺激之一。因此,要不断完善自己的个性,培养广泛的兴趣爱好和较强的个人适应能力,学会合理宣泄,正确面对挫折,只有这样才会形成成熟的心理防御机制,不会一味地躲在虚拟世界中逃避失败与挫折。

(2) 程度较重的网络成瘾者可以通过以下方法达到治愈的目的:

① 直接隔断与网络的联系。成瘾程度较重的人往往是在下意识的状态下上网的,对于那些明知过度上网只会加重症状而不能自制的成瘾者,可以在他们的亲戚、朋友的帮助下将其与电脑完全隔离一段时间,让他们在这段时间里培养其他的兴趣爱好或者重新安排紧张有序的生活,待到他们能够完全摆脱网络成瘾的困扰后,再有针对性地帮助他们科学地安排上网时间。

② 寻求心理医生的帮助。通过心理咨询,让心理医生与网络成瘾者之间建立良好的医患关系。这样做可以从精神上给成瘾者理解和支持,调动他们积极性,树立治愈的信心;心理医生会根据成瘾者的痴迷程度,用准确、生动、专业、亲切的语言分析"电子海洛因"的危害、网络成瘾形成的原因、过程,采取治疗措施,逐步帮助患者摆脱网络成瘾综合征。

2. 网络孤独症

网络孤独症就是过分地依赖网络,淡化了个人与社会及他人的交往,远离周围伙伴,慢慢地对丰富多彩的现实生活失去了感受力和参与感,变得越来越孤僻。其主要特征为,社交功能和交流技巧出现障碍、异常动作以及复杂多样化的行为。

我国相关调查显示,在上网的青少年学生中,有20%的人有情绪低落和孤独感,12%的人与家人、朋友疏远。不少大学生沉溺于网络聊天、网络游戏,广泛结交网友、"战"友,在现实生活中,对于自己的家人、同学却越来越冷漠。心理学家指出:"当一个人专注于某一事物时,对其他事物都有不同程度的忽视。"学生对互联网的过分依赖,必然会导致其对现实生活中其他活动的兴趣缺乏,人长时间地缺乏社会活动必然产生心理上的孤独。

美国一项网上调查表示,每周上网时间 5 小时的网民已经成为轻度的"网络偏执狂",他们将无法获得足够的时间与家人和亲友相聚,甚至连看电视的时间都大大减少。主持这项调查的斯坦福大学的科学家诺曼·尼说:"人们在网上待的时间越长,他们在现实中与人打交道的机会就越少。"人的交际能力、社会生存能力便会因此而下降,这种对现实社会生活的不适应反过来又会刺激人继而更加依赖网络而寻求心理的平衡,因此引发恶性循环,久而久之便会引发网络孤独的心理障碍。

社会交往中较易退缩、较为内向的人,在虚拟网络的交往中,往往也会呈现与他人较为低频的交往互动,带来更多的孤独感。另外,在一些社交网络中,人们常常会获得较多的粉丝好友,但在生活中能深入交谈的却不多,这会形成强烈对比,加剧孤独感。长时间上网,减少甚至剥夺了人在现实社会中的活动机会和人与人之间的交往,很可能让内向的人更加孤独。

二、拒绝网络黑客

网络发展到今天,已经成为信息资源的海洋,给人们带来了极大方便的同时也带来了安全上的隐患。网络安全隐患日益突出,网络的各类攻击与破坏行为与日俱增,网上泄密事件频频发生。从发展趋势看,黑客正在不断地走向系统化、组织化、年轻化。

主要的防范措施有:

(1) 安装防火墙,禁止访问不该访问的服务端口,使用 NAT 隐藏内部网络结构。

(2) 安装入侵检测系统,检测漏洞攻击行为。

(3) 安装安全评估系统,先于入侵者进行模拟漏洞攻击,以便及早发现漏洞并解决。

（4）提高安全意识，经常给操作系统和应用软件打补丁。

（5）不浏览非法网站。

（6）不打开陌生人的邮件。

（7）使用即时通信软件如 QQ、微信等，不随意点击对方发过来的网址，也不要随便接收文件，即使接受了在打开之前也要进行病毒扫描。

（8）在网络中（特别是一些论坛中），尽量避免泄露自身信息，如单位名称和 E-MAIL 地址等。

（9）别按常规思维设置网络密码，要使用由数字、大小写字母混排而成，令"黑客"难以破译的口令密码。另外，要经常性地变换自己的口令密码。

（10）保护重要数据，做好数据备份。

三、抵御网络病毒、木马

计算机病毒是将自身纳入另外的程序或文件的一段小程序。计算机病毒还包括逻辑炸弹、特洛伊木马和系统陷阱入口等等。它是在计算机网络上传播扩散，专门攻击网络薄弱环节、破坏网络资源的计算机程序。计算机病毒攻击网络的途径主要是通过可移动设备拷贝、互联网上的文件传输、硬件设备中的固化病毒程序等等。

计算机网络病毒的防治主要是使用防火墙，病毒防治使用基于客户端的个人防火墙或过滤措施，并在防火墙中安装最新的安全修补程序。要对计算机进行有效管理，应该随时关注系统软件供应商的漏洞发布信息，对最新的漏洞及时打上补丁。不使用来路不明的磁盘，使用一些移动的工具如优盘、MP3、移动硬盘等常用的交换媒体进行数据拷贝时，要先检测后使用。将系统的浏览器安全等级至少设置为"中等"，必要时禁止 Java 和 ActiveX 控件的安装，减少感染网页木马的机会。有必要安装一些网页过滤软件,对屏幕上出现的信息进行实时监控,一旦发现含有不良信息的网址、文本、图像、视频、音频,即可对此进行限制访问。

同学们要树立良好的网络安全意识,养成良好的电脑使用习惯,保持系统的安全与稳定。大学生应当做到在网络上不浏览、不下载、不传播不健康或反动的信息;要善用网络技术,将学到的网络技术运用到校园网的安全管理和建设上来。

四、识别恶意网站

恶意网页中包含的恶意代码,可对访问者的电脑进行非法设置和恶意攻击。现在,网页恶意代码已经被杀毒软件定义为网页病毒。与传统意义上的病毒相比,网页病毒虽不具备传染性,但其危害程度绝不亚于普通病毒。互联网上有许多恶意网站,这里面有仿冒正规网站的恶意网站、色情网站、游戏网站或者打着咨询服务等旗号的网站。这些网站往往经过了伪装,与正规网站相似,当你浏览这些网站时,不经意间你就会掉入这些恶意网站的陷阱。除此之外,恶意网站还有一些五花八门的小伎俩。比如:不良网络游戏,有些游戏以色情、暴力或恐怖袭击为主题,有的暗藏不良政治目的,影响大学生的身心健康;"黑客"教唆陷阱,一些不良黑客组织建立网站,传播黑客技术,唆使大学生进行犯罪活动;邪教陷阱,网上一些邪教组织网站冒用宗教、气功等名义,大肆宣传反人类、反社会、反科学的歪理邪说,造谣生事,发展组织,危害社会稳定;网恋陷阱,用欺骗的手段发展多角恋关系,欺骗感情,骗取财物。这些恶意网站也都给广大大学生带来很大的危害。

大学生要避免或减轻这些危害,还得从预防做起。首先,大学生要掌握基本的网络安全知识,提高防范意识和技能:

(1) 及时修复操作系统和应用软件的漏洞;

(2) 安装网络防火墙;

(3) 安装防病毒软件并及时更新病毒库;

(4) 不下载来历不明的文件,对所有下载文件都进行病毒、木马的扫描；

(5) 不访问情况不明的链接；

(6) 妥善保管好所有的密码；

(7) 保护重要数据，做好数据备份；

(8) 保护好个人隐私信息，不随意注册隐私信息。

其次，大学生要提高警惕，多做有益身心健康的网络活动，提高自身素质与抵抗力，要学习互联网法律法规，依法上网。

五、网络不良信息的防范

在互联网发展的早期，网上的不良信息还是以"知识型"信息为主，但是随着互联网的不断发展，上网成为人们生活、工作、娱乐中不可缺少的一部分时，不良信息也随之发生了很大的变化。特别是近几年，不良信息开始从单纯的"知识型"信息开始向"谋利型"转变，而且手段多样、形式复杂，其中不乏很多违反法律、违反道德的不良信息。目前，网络不良信息的多元化趋势已经非常明显，除了已经被各大媒体曝光的各种情色类的视频、图片、文学等"低俗内容"之外，网络不良信息中还存在着赌博、造假、诈骗等各类违反法律和违反道德的内容。

判断网络虚假信息并不是一件很难的事情，根据其产生的原因还是有章可循的。

(1) 判断信息的真假并不能够从网站设置的诚信或者有担保来衡量。因为诚信与担保是出于商业的目的，利润的驱使导致其甚至比免费发布的信息都更有虚假的可能。这就像很多广告产品一样，花钱做广告的目的是为了让"虚假变为表面的真实"，而收钱方的目的是为了收钱，利益驱使总是让其成为"帮凶"。有些大型网站为了流量，对免费或者收费发布的信息没有设置审核措施。就拿网店来说，既然可以不要审核就可以开店，即使通过支付宝第三方保证来支付货款，难免出现以次充好甚至用二手货来替代正品的现象。

（2）流量大的网站虚假的东西可能越多，这些流量或销量，给人的感觉总是非常真实的，信息的表现面面俱到。这就好像是我们实际生活中的骗子，风度翩翩而且穿金戴银，很有气势。而那些并不是为了追求流量，有目的引导流量的网站，往往是"人流量"相对没有那么大，却都是"真正的生意人在浏览"。

（3）虚假信息的主人一般都不是真名真姓，其在网上的痕迹一般很少，因为担心出事之后自己难以逃脱干系。联系方式一般都用手机或邮箱，那是因为手机容易换号码，而且现在办理手机号码都可以不要身份证，邮箱也可以随便注册的。

根据虚假信息的规律，大学生应当谨慎下手，全面的分析核查相关信息内容后再行动，才能避免上当受骗。

（1）首先通过搜索引擎进行搜索，看看是否能够找到该主人的经历，如果不能，假的可能性就很大了。让卖家提供一个座机号码和他的住址，随便找一个时间打这个电话号码，查一下接电话的人是不是卖家本人，通常有信誉的卖家都会提供这类信息，如果拒绝提供的话，便值得怀疑。

（2）尽量选择同城见面交易，这样既可以避免卖家收到钱不发货的情况，又可以当场验证货物后再付款。如果卖家将东西快递给你，记得要求卖家提供快递单号，这样你可以随时查询货物目前在什么地方。尽量使用"支付宝"等货到付款的第三方支付平台，而不要使用银行付款或其他没有保障的付款方式。

（3）在买一件商品之前先向卖家仔细了解商品的详细情况，强烈建议你对比一下其他卖家的同类商品的价格或该商品的市场价。请记住，如果商品售价比市场价低很多，那么很有可能是假的，尤其是高科技产品比如笔记本电脑，数码相机等。

某互联网研究室的监控数据显示：近几年来，在大学生中发布招聘就业消息、物品代销信息、彩票预测数据等，以诈骗钱财的违法信息呈高发之势。根据统计数据分析，此类诈骗手段一般分为三步。第一步：诈骗者先通过网站发布虚假的历史数据，表明自己的信息有多可靠,有许多大学生为此挣了许多钱、预测数据有多准确,骗取大学生网民的信任,然后利用很少的会员费引诱大学生网民加入成为会员。第二步:再以信息阅读费、高级会员服务费等要求已经成为会员的大学生继续汇款,以便获得进一步的信息。第三步,等有会员开始质疑并投诉的时候,诈骗者关闭网站及一切联系方式,销声匿迹。

这些知识,可以帮你避免 90% 的网络骗局。

六、个人信息的保护

信息产业部于 2000 年 11 月 7 日发布的《互联网电子公告服务管理规定》中提及"电子公告服务提供者应当对上网用户的个人信息保密,未经上网用户同意,不得向他人泄露",违反此规定者,由电信管理机构责令改正,给上网用户造成损害或者损失的,依法承担法律责任。大学生也要切实增强个人信息保护意识,不要轻易将个人信息提供给无关人员。发现个人信息被泄露并造成严重后果的,要及时向当地公安机关报案。

保护个人信息要做到以下几点:

(1) 网上填写表格须慎重。加强个人信息保护,应该从自身做起。比如,在网上不要随意填写表格,应该选择安全防范能力较强的网站存储重要个人信息。在马路上接受市场调查,或者在商店里填写贵宾卡等时,要留个心眼,别随便将自己的资料泄露给他人。遇到介绍、推荐保险业务、房产业务、理财投资以及冒充公安、检察、法院、银行工作人员的点对点电信诈骗案件,要时刻提高警惕,以防上当受骗。遇到个人信息被非法使用时,市民应通过各种途径维权,别任由自己的个人信息外泄。

(2) 实名车票不要随意丢。铁路部门表示,实名制车票不要随意处置。丢弃之前,可将二维码、身份证号码和姓名等部位涂黑或者粉碎处理。

(3) 快递收件单要撕干净。大学生都会网购,很少有人会留意快递箱上的收件单,那上面可是赫然印着你的真实姓名、住址和手机号码。假如你撒手不管,那你的有关信息就有可能经这条"路径"传出去。

(4)自动提款不必要回单。虽然银行回单很小,功能简单,但是只要是你发生的业务内容,都会在上边显示,包括存款账号、户名、产品名、金额、余额等,即便是最普通的个人活期账户取款回单,信息种类也有十多项之多。不法分子在获得回单之后,很可能通过技术手段窃取你的密码,继而伪造银行卡,套取账户内的钱款。因此,有的银行建议,如非必要,在自动提款机取钱时,可以不要回单,避免在销毁回单时不慎,出现问题。

七、学习互联网法律法规,依法上网

为规范网民合法使用互联网,国家相关部门制定并出台了一系列法律法规。这些法律法规尽管规范的对象有所不同,但其价值取向都是一致的,那就是确保互联网信息高速公路的畅通,保障国家和网民权益免受损害。在使用互联网的时候,应当自觉地学习和了解相关的法律法规,做到依法上网。

1. 互联网相关法律法规概要

从1994年国务院颁布第一部计算机法规《中华人民共和国计算机信息系统安全保护条例》以来,我国已陆续出台40余部互联网法律法规,涉及国际联网、信息服务、著作权保护、域名管理等多个方面。

(1)规范国际联网的法律法规

《中华人民共和国计算机信息网络国际联网管理暂行规定》,1996年2月1日由国务院颁布。该法规确立了国家对国际联网的管理原则、职能部门,规定了计算机信息网络直接进行国际联网必须遵循的规范、条件及注意事项。依照该法规的规定,相关职能部门随后还制定了《〈中华人民共和国计算机信息网络国际联网管理暂行规定〉实施办法》,对我国计算机信息网络国际联网作了更加详尽的规定。

《计算机信息网络国际联网安全保护管理办法》,1997年12月30日由公安部颁布。该管理办法对黑客、传播病毒、网络泄密和发布有害信息等行为进行禁止,明确了这些行为的法律责任。同时规定互联网用户通信自由和通信秘密受法律保护。

《计算机信息系统国际联网保密管理规定》,2000年1月由国家保密局颁布。该管理规定确立了上网信息的保密管理坚持"谁上网谁负责"的原则。明确规定了涉密信息不得上网,不得在上网的计算机上存储,任何单位和个人不得在电子公告系统、聊天室、网络新闻组上发布、谈论和传播国家秘密信息。

(2) 规范信息服务的法律法规

《互联网信息服务管理办法》,2000年9月25日由国务院颁布。这是专门针对互联网信息服务出台的管理办法。管理办法确立了网站备案制度,对网站服务内容和信息发布内容作了相关限制规定。

《互联网电子公告服务管理规定》,2000年10月27日由信息产业部颁布。这是一部针对BBS、网络论坛、聊天室和留言板等用户参与公开发言的网络电子公告服务所制定的法规,对电子公告服务的开设和管理作出了相关规定,规范了电子公告服务系统中的信息发布。

《互联网站从事登载新闻业务管理暂行规定》,2000年11月7日由国务院新闻办公室、信息产业部颁布。这部规定规范了境内互联网站登载新闻业务,目的在于维护互联网新闻的真实性、准确性和合法性。

《互联网新闻信息服务管理规定》,2005年9月25日由国务院新闻办公室、信息产业部颁布。在互联网信息发布的新形势下,该法规规定了互联网新闻信息服务单位的设立、互联网新闻信息服务的规范、从事信息服务监督管理的法律责任。

(3) 互联网著作权保护方面的法律法规

《互联网著作权行政保护办法》,2005年4月30日由信息产业部和国家版权局联合颁布,旨在加强互联网信息服务活动中信息网络传播权的行政保护,规范行政执法行为。办法规定了互联网信息服务活动中的信息网络传播权的管辖部门、处罚所适用的法律,并对著作权人、互联网信息服务提供者、互联网内容提供者三方的权利义务作了较为详细的规定。

《信息网络传播权保护条例》,2006年5月18日由国务院颁布,主要就著作权人、表演者、录音录像制作者的信息网络传播权作了明确规定。

2. 重点法律条款解读

(1)《中华人民共和国计算机信息网络国际联网管理暂行规定》第六条规定:"计算机信息网络直接进行国际联网,必须使用邮电部国家公用电信网提供的国际出入口信道。任何单位和个人不得自行建立或者使用其他信道进行国际联网。"该条文规定了中国计算机网络的国际出口只能由邮电部国家公用电信提供,通过其他任何方式私自进行国际互联即为非法。

(2)《计算机信息系统国际联网保密管理规定》第六条规定:"涉及国家秘密的计算机信息系统,不得直接或间接地与国际互联网或其他公共信息网络相连接,必须实行物理隔离。"第七条规定:"涉及国家秘密的信息,包括在对外交往与合作中经审查、批准与境外特定对象合法交换的国家秘密信息,不得在国际联网的计算机信息系统中存储、处理、传递。"第十条规定:"任何单位和个人不得在电子公告系统、聊天室、网络新闻组上发布、谈论和传播国家秘密信息。"上述法条明确规定了涉密信息不得上网,不得在上网的计算机上存储,不得在电子公告服务系统、聊天室谈论传播涉密信息等。大学生由于参加导师的课题,有可能接触到涉及国家秘密的信息,由于没有接受过专门的保密教育,极有可能不经意间泄露国家秘密。这将给国家造成极大损失。因此,同学们要有保密意识,防止国家秘密从互联网上外泄。

(3)《互联网电子公告服务管理规定》第四条规定:"上网用户使用电子公告服务系统,应当遵守法律、法规,并对所发布的信息负责。"第九条规定:"任何人不得在电子公告服务系统中发布含有下列内容之一的信息:a. 反对宪法所确定的基本原则的;b. 危害国家安全,泄露国家秘密,颠覆国家政权,破坏国家统一的;c. 损害国家荣誉和利益的;d. 煽动民族仇恨、民族歧视,破坏民族团结的;e. 破坏国家宗教政策,宣扬邪教和封建迷信的;f. 散布谣言,扰乱社会秩序,破坏社会稳定的;g. 散布淫秽、色情、赌博、暴力、凶杀、恐怖或者教唆犯罪的;h. 侮辱或者诽谤他人,侵害他人合法权益的;i. 含有法律、行政法规禁止的其他内容的。"上述条文规定,任何人都得对自己在电子公告服务系统上发布的信息负责,不得发布该法规明文禁止的内容,这是我们参加BBS、论坛讨论发言必须遵守的。否则一旦违反,就可能受到法律的处罚。大学生经常"泡论坛",要记得谨慎发言,要对自己的发言负责。目前,高校的BBS论坛都已实行实名制,用账号和昵称发言几乎等同于本人参与发言,千万不要以为在网上发帖子,别人就不知道发言者是谁。《互联网电子公告服务管理规定》第四条所规定的9类信息中,大学生最容易不知不觉中犯错的是侮辱或者诽谤他人、侵犯别人隐私、泄露秘密等。对繁杂的互联网信息,我们要有分辨意识,不要见到一些感兴趣的小道消息就随意进行扩散、传播。

(4)《信息网络传播权保护条例》第二条规定:"权利人享有的信息网络传播权受著作权法和本条例保护。除法律、行政法规另有规定的外,任何组织或者个人将他人的作品、表演、录音录像制品通过信息网络向公众提供,应当取得权利人许可,并支付报酬。"该条例明确任何组织或者个人将他人的作品、表演、录音录像制品通过信息网络向公众提供,应当取得权利人许可,并支付报酬。目前,许多图片、电子文档和软件都是有版权保护的,这些内容不能在论坛中公开登出,否则就侵犯了所有权人的网络传播权。

八、恪守网络道德,做文明网民

说到网络道德,人们会误以为只有那些攻击计算机的黑客才需要遵守,其实我们每一个行走网络的人都需要遵守。打球有打球的规则,玩游戏有玩游戏的规则,各行有各行的行规,行走网络自然也要遵守网络的规则,那便是网络道德。网络道德是人性道德的折射。网络虽然是虚拟的,但也是现实存在的,每一个成员都要自觉遵守网络道德,才能让我们所喜爱的、丰富多彩的网络的天空更蓝,水更清,空气更清新,才能优化网络环境,才能使我们的社会更加文明、和谐。

行走网络要尊重他人。聊天时要用文明语言,不要出口伤人;不要强人所难,不要侮辱他人人格,不要狂妄自大,自以为高人一等,这样是达不到与人交流的目的的,也不会有人愿意与你交流,你将变成孤家寡人,最终被淘汰出局。除此之外尊重别人的劳动成果,也是对他人的尊重,包括网络发表的文章、FLASH作品,喜欢时要转载,应该注明原作者。抄袭或复制并署上自己的姓名,这都是对他人的不尊重。面对求助者,要有爱心,尽力相助。尊重他人是现代文明的基石,尊重他人将得到他人的尊重。

网络交往是现实人际交往的延伸,在网络中不要随便制造、传播谣言,搞乱网络秩序;不进行行骗活动,不传播病毒。网络交往还要真诚,不要总把自己说得天花乱坠,诱骗那些涉世不深的少男少女,让他们受到情感的伤害。网络交往更多地反映在网聊上,网聊包括相熟朋友之间,也包括陌生人之间。为他人保密也是重要的网络道德之一。把别人不希望第三人知道的情况或是隐私透漏给他人,是不道德的行为。

网络,使大容量的信息得以快速传递,为我们了解时事、学习知识、与人沟通、休闲娱乐等提供了便捷的条件,这无疑映射了人类的文明与进步。网络是我们共同的生活空间,我们共负建设文明、健康的网络环境的责任。在网络世界,可以自由驰骋,可以潇洒无羁;在网络世界,可以娓娓细说,可以表达自己的心声,但我们要遵守网络的基本道德。每一位行走网络的大学生,应自觉遵守《全国青少年网络文明公约》,即"要善于网上学习,不浏览不良信息;要诚实友好交流,不侮辱欺诈他人;要增强自护意识,不随意约会网友;要维护网络安全,不破坏网络秩序;要有益身心健康,不沉溺虚拟时空",共同营造一个文明、优雅的网络环境!

九、加强自我保护,防止遭受非法侵害

对"网友"的盛情邀请,要保持警觉,尽量回避,以免上当。为了达到罪恶的目的,有的"网友"会对你海誓山盟,抛出各种诱惑,诱使你与他直接交往,见面后"网友"会露出其狰狞面目,对你行骗或敲诈勒索,甚至是更严重的性侵害、抢劫或者杀害。因此,防范最好的方法是不要和陌生人随意约会,不给犯罪分子可乘之机。如要约会务必慎重选择时间、场所和见面形式。最好选择白天,选择你熟悉而且人流较多的安全场所,并应提前约定"接头"暗号,以便暗中观察陌生"网友"。女生约会异性网友见面,最好请亲友、同学陪同。

第九章　灾害及意外伤害事故的防范与应对

在日常生活中，大学生可能会经历各种各样灾害事故的侵袭。诸如触电事故、中毒事故、爆炸事故、溺水事故以及地震、洪水、台风、雷电、海啸、泥石流等。根据造成灾害的原因，可将灾害事故分为人为灾害和自然灾害。面对形式多样的灾害事故，许多大学生不仅缺乏科学知识，也缺乏足够的防灾训练，极易出现集体恐慌。大学生不仅应了解事故的危害，还应知晓应对事故的措施，加强防灾训练。防灾训练不仅可以提高国民公共素质，更是一种公共福利。因为通过系统的防灾训练，国家可增强抗打击力，人民的安全感也会大幅提高。如能意识到这些价值，我们也许会遇事不惊，应对各种灾害事故的发生。

第一节　案例与分析

典型案例1

2011年7月23日，重庆某大学8名大学生在安徽天柱山附近开展社会实践活动时，由于遭遇雷击，造成4人受伤，1人死亡。

据一位受伤学生王某说，事发时他们的社会实践活动并没有结束，路过天柱山时，就上去玩了。上午上山时天气很好，下午2点多正当他们向主峰进发时，天突然变了脸，很快就下起暴雨，并伴随着闪电和巨大的雷声，带去的两把遮阳伞很快就被大风吹散架。于是，8个同学就和游客们跑到附近躲雨，其中，王某和几名同学跑到了一个山洞附近的亭子里。

王某回忆说,当时天上雷声滚滚。"到处都是在奔跑着躲雨的游客,耳边充斥着雷声、雨声和人们的尖叫声。"不久,他就看见附近的一块大岩石被闪电劈下了一块,他眼看着同学小林被石头砸伤头部,但却无法出去救助他。等了约20分钟,待雨小了一点后,王某跑去找同学,发现在一块巨石下,有3人倒在了地上,其中一人是他的同学郭某。他立即跑上前给郭某做人工呼吸,"他的眼睛发红、脸色发灰,口里还有一股火药味,心跳非常微弱"。雷击的范围直径估计有15米。约40分钟后,接到报警的救援人员赶到了现场,发现郭某因为雷击伤势过重在事发当日死亡。

案例分析:雷击多发生于夏秋季阵雨时,带有大量电荷的云朵接近地面,当它与地面异性电荷之间形成一定的电位差时,就通过导锋冲破中间的空气,发生剧烈的放电现象(发出火花和声响),从而形成雷击。因雷击给人类造成重大损失,现已被列入世界十大自然灾害之一。雷击经常击中高大建筑物、树木等物体,造成国家、集体和个人的财产损失。雷击还容易击中靠近大树、穿着被雨淋湿的衣服或身上携带金属物制品的人,造成人员伤亡。

● 典型案例2

2013年4月30日下午15时09分,浙江丽水市110指挥中心接报,有一行30多名外地驴友被困炉西峡。接报后,当地县委县政府主要领导第一时间迅速开展搜救工作。有关部门紧急召开救援分析部署会,决定由公安、消防、相关乡镇及有经验的驴友组成搜救队连夜进入峡谷开展搜救,并对后勤保障、医疗急救等方面作了部署。

5月1日凌晨1时30分许,搜救队抵达被困驴友露营地,经确认,所有被困驴友均安全。这批驴友为江苏某大学户外运动协会的同学,自发组织来炉西峡进行户外探险活动,没想到遇到了大雨引发洪水。考虑到峡谷环境恶劣、通信不畅、夜间行进困难等因素,经休整后,6时30分许,搜救队引导护送被困驴友撤离被困地点。10时50分许,被困驴友及搜救队员安全抵达郑坑乡梨壁际村,乘坐接送车辆返回县城。

案例分析:洪水是指能酿成灾害的大水。洪水一般来势凶猛,受灾地域广。洪水灾害不仅会毁坏人们的家园,损坏财物,而且会造成人员伤亡,严重的还会产生传染疾病,造成更为严重的后果。由于炉西峡的特殊地形特征,每有大雨炉西峡总会发生山洪。加上峡谷内通信不畅、气候多变,驴友徒步穿越具有很大的危险性。

● 典型案例3

2013年6月28日17时许,某高校宿舍内发生一起私接电线引发的触电事故,该校物理系大三男生张某在私自接线时不慎触电,当场死亡。

张某所在的宿舍楼属于老式学生宿舍,室内没有安装外接用电插座。6月28日17时左右,张某下课后回到宿舍自习。张某的床铺位于靠近门口的上铺,与屋顶上安装的一台摇头式吊扇距离较近。因学习时需要用到手提电脑,为节省手提电脑电池,张某便利用在物理中学到的用电知识,找出两根铜芯电线,准备从屋顶的吊扇电源上引出电线作为手提电脑的电源。但在其从吊扇电源处往外接线的过程中,左手拇指和中指不慎同时接触到了两根电线的外露铜线头,强大的电流瞬间将张某击倒在床上。一名舍友见状,立即拨打"120"急救电话,同时报告了学校老师。120急救医生迅速赶到现场并立即进行了抢救,然而这一切都已不能挽回张某年仅22岁的生命。

案例分析:大学生购买电器后,往往因宿舍插座不够,自己私拉乱接、安装临时插座使用。由于不懂相关专业知识,对于导线与插座的选择与安装是否符合国家标准,并未引起高度重视。有些同学安装的插座不固定,随意乱放,哪里方便就放在哪里,给自己的学习生活带来严重安全隐患。因此,学校提倡避免临时用电、杜绝私拉乱接。

典型案例4

2013年6月22日下午,位于鄂尔多斯康巴什4号桥附近的景观湖,内蒙古某学院12名学生在河道边戏水时,其中一人不慎落入水中,其余人顿时慌乱,并自行施救。在援救过程中,又有另外几名男生落水。最终2名学生获救,另4名学生被打捞上岸后,经120急救人员现场确认已溺水死亡。

案例分析:溺水常见于游泳或坠水等意外事故。因水进入呼吸道及肺中引起窒息。另外,泥沙等物堵塞鼻腔及口腔也是窒息的原因之一。溺水现场急救至关重要,应争分夺秒。常用的方法是:迅速将溺水者脱离溺水现场。清除口、鼻异物,保持呼吸畅通。令溺水者头低位拍打其背部,使进入呼吸道和肺中的水流出(注意时间不要长)。如有呼吸抑制,迅速进行人工呼吸。如有心跳停止,立即进行胸外心脏按压等心肺复苏术。换上干的衣服,注意保暖。尽快转送医院。

典型案例5

湖北某高校一名大一女生在体育课进行前滚翻练习时,裤兜中装有的钩针扎入小腹,造成重伤。经查,该体育教师课前未对学生上课的装束、携带物品等做过必要的要求和提醒。

案例分析:运动损伤指体育运动中,造成人体组织或器官在解剖上的破坏或生理上的紊乱。大学生正处在生长发育的阶段,若参加体育活动的方法不当,就可能造成不必要的伤害。对造成大学生运动损伤的各种因素进行分析,提出相应的预防措施及建议很有必要。

典型案例6

2013年6月20日,英国足球明星贝克汉姆来到上海某大学,原计划先在学校的"中法中心"与上海足球联盟的领导会面,随后到操场与学校足球队进行互动。但他到达前,通往"中法中心"的道路上已汇集上千人,数名保安拉起黄色的警戒线维护秩序。由于现场人数过多以及球迷过于热情,贝克汉姆结束会面后准备前往操场时,人群突然通过了警戒线,涌到了"中法中心"的楼下。进入操场需通过一扇铁门,贝克汉姆在保安的一路护送下艰难挤进铁门后,安保人员试图将铁门关闭,但人群此时一拥而上,冲破铁门。由于入口正好处在一个斜坡上,这个过程中有人倒下,现场秩序一度失控并发生踩踏事故,活动被迫取消。

案例分析:踩踏事故通常是指在聚众集会中,特别是在整个队伍产生拥挤移动时,有人意外跌倒后,后面不明真相的人群依然在前行,对跌倒的人产生踩踏,从而产生惊慌,加剧拥挤产生新的跌倒人数,并恶性循环的群体伤害的意外事件。现代大学生参加社会上及校园内举办大型集会的机会很多,学会预防拥挤踩踏事故很有必要。拥挤踩踏事故常见于大型娱乐场所和大型集会,稍不注意就可能受到伤害。只要我们加强防范,就有可能避免造成伤害的各类事故。

典型案例7

1名大学生与4名同学在华蓥山上玩耍后,独自徒步回家途中遭遇泥石流,结果被困在金刀峡40多米高的悬崖绝壁上2个小时。重庆市北碚区民警和北碚区消防官兵获知情况后,冒雨用绳子拴住他并将其救出。

被困者是21岁的某师范学院大二学生陈某,家住北碚。当天下午6:30左右,他与4名同学一起,从老家出发徒步前往华蓥山游玩。第二天早上7时左右,游玩后的4名同学包了两辆摩托车从华蓥山山顶回家,而陈某则独自徒步回家。

上午10:30左右北碚金刀峡下起了大雨。陈某到达了金刀峡胜天湖旁一个叫邓家沟的地方,突然听到"轰"的一声,山上的泥石倾泻而下,将前行的路完全阻断。"路的下方是湍急的河水,根本不可能行走。"陈某告诉记者,当时他只得朝山上寻找出路,希望能爬过去绕道而行。然而,当他贴身爬到离地面约有40米高的半山腰另一侧时,发现前面是悬崖峭壁,根本没有去路。当他试着再往回走时,一块石头被踩断翻,他差点摔下山去,后退的路也被切断。雨越下越大,附近又荒无人烟。焦急的陈某通过手机将自己目前的位置和处境告诉了同学。在同学的提醒下,陈某立即向"119"和"110"求救。在等待救援的2个多小时里,陈某一直蹲在悬崖上。"由于我前晚十多个小时没有合一下眼,面对险境,我只得始终咬牙提醒自己不能睡觉。"

中午12:30左右,派出所6名民警赶到现场,并与随后赶到的北碚消防支队8名官兵一道展开营救。消防官兵在一棵大树上固定好绳子,然后再小心翼翼地爬到陈某所在位置,将绳子拴在他身上,并慢慢地将他放到40米高的悬崖下。到下午3时左右,陈某终于安全脱险。

案例分析:泥石流是山区沟谷中,由暴雨、冰雪融水等水源激发的,含有大量的泥砂、石块的特殊洪流。其往往突然暴发,浑浊的流体沿着陡峻的山沟前推后拥,奔腾咆哮而下,地面为之震动,山谷犹如雷鸣。泥石流在很短时间内将大量泥砂、石块冲出沟外,在宽阔的堆积区横冲直撞、漫流堆积,常常给人类生命财产造成重大危害。因此,大学生外出活动或浏览时,在高山、湖泊遇有暴风雨时,要注意防范雷电、洪水和泥石流等自然灾害的发生。

第二节 灾害及意外伤害事故的防范与应对

一、自然灾害

1. 地震

(1) 身体应采取的姿势

伏而待定,蹲下或坐下,尽量蜷曲身体,降低身体重心。抓住桌腿等牢固的物体。用枕头、坐垫、毛衣外套等遮住自己的头颈、面部,掩住口鼻和耳朵,防止灰尘和泥沙灌入。避开人流,不要乱挤乱拥,不要随便使用明火,因为空气中可能有易燃易爆气体。

(2)家庭避震

地震预警时间短暂,室内避震更具有现实性,而室内小构架房屋倒塌后形成的三角空间,往往是人们得以幸存的相对安全地点,可称其为避震空间。这主要是指大块倒塌体与支撑物构成的空间。室内易于形成三角空间的地方是:炕或结实的床沿下、坚固家具附近;内墙墙根、墙角;厨房、厕所、储藏室等开间小的地方。

(3)学校避震

如正在上课时发生地震,可在教师指挥下就地躲在桌椅旁或靠墙根趴下避险。如教室是平房,座位离门较近的学生可迅速从门窗逃出室外;离门窗较远的学生可迅速抱头、闭眼,躲在各自的课桌下。

在操场或室外时,可原地不动蹲下,双手保护头部,注意避开高大建筑物或危险物。不要回到教室去。首震后应立即有组织地撤离。必要时应在室外上课。

在楼房里的学生,遇震时千万不要乘坐电梯!即便地震发生时已经在电梯内,也应就近停下迅速撤离。不要乱挤乱拥,千万不要跳楼!不要站在窗外!不要到阳台上去!应迅速躲进跨度小的空间。同时,大多数学生应就近躲在桌子旁边。

(4)工厂实习避震

如距离车间门较近,应迅速撤至车间外空旷地避震。如距车间门较远,应迅速躲在墙角下、坚固的机器或桌椅旁,同时关闭机器的电源开关。

对于生产易燃易爆品和强酸强碱以及有毒气体的工厂,在地震发生的瞬间应迅速关闭易燃易爆有毒有害物品阀门和运转设备,防止火灾、爆炸、毒品外泄等次生灾害发生。

对高温作业的工人,要避开炉门或铁水流淌的钢槽,防止地震时被烧伤。

(5) 应急自救

若地震时被废墟埋着了,首先应设法将双手从压塌物中抽出来,清除头部、胸前的杂物和口鼻附近的灰土,设法保障呼吸畅通。清除压在身上的物体,移开身边的较大杂物,用砖头、木头等支撑可能塌落的物体,以免再次被砸伤和因倒塌建筑物的灰尘窒息。尽量将生存空间扩大,保持足够的空气。闻到煤气、毒气时,用毛巾、湿衣服或手等物捂住口、鼻,避免吸入烟尘。树立生存的信心,等待救援。

观察四周有无通道或光亮,分析判断自己所处的位置,从哪个方位最可能脱险;试着排除障碍,尽量朝着有光线和空气清新的地方移动,设法自行脱险。听到人声时,用硬物敲击铁管、墙壁,发出求救信号。

如果暂时不能脱险,要耐心等待救援。设法保存体力,不要大喊大叫。长期的无效呼喊,会消耗大量体力,弱化求生信心。要寻找食物和水,并节约使用。

2. 龙卷风

一般情况下,龙卷风是一种气旋,是常见的自然现象。它在接触地面时,直径在几米到 1 千米不等,平均在几百米。龙卷风影响范围从数米到几十上百千米,所到之处万物遭劫。龙卷风漏斗状中心由吸起的尘土和凝聚的水汽组成可见的"龙嘴"。在海洋上,尤其是在热带,类似的景象被称为海上龙卷风。大多数龙卷风在北半球是逆时针旋转,在南半球是顺时针,也有例外情况。龙卷风形成的确切机理仍在研究中,一般认为是与大气的剧烈活动有关。

从 19 世纪以来,天气预报的准确性大大提高,能够监测到龙卷风、飓风等各种灾害风暴。龙卷风通常是极其快速的,每秒钟 100 米的风速不足为奇,甚至达到每秒钟 175 米以上,比 12 级台风还要大五六倍。风的范围很小,只在极少数的情况下直径才达到 1 千米以上。

遇到龙卷风应采取以下措施：

(1) 在家时,务必远离门、窗和房屋的外围墙壁,躲到与龙卷风方向相反的墙壁或小房间内抱头蹲下。躲避龙卷风最安全的地方是地下室或半地下室。

(2) 在电杆倒、房屋塌的紧急情况下,应及时切断电源,以防止电击人体或引起火灾。

(3) 在野外遇龙卷风时,应就近寻找低洼地伏于地面,但要远离大树、电杆,以免被砸、被压和触电。

(4) 汽车外出遇到龙卷风时,千万不能开车躲避,也不要在汽车中躲避,因为汽车对龙卷风几乎没有防御能力。应立即离开汽车,到低洼地躲避。

3. 雷击

(1) 建筑物的防雷

建筑物防雷装置的建设是整个社会防雷减灾的基础建设工作,确保防雷装置的建设质量十分重要,一定要做好各个环节的工作。对一座建筑物来说,直击雷、侧击雷是指雷电击中建筑物的天面以下、地面以上的部分。防雷装置主要是保护建筑物本身不受雷电损害,以及减弱雷击时巨大的雷电流沿着建筑物外墙引下线泄入大地时对建筑物内部空间产生的各种影响。它的特点是与建筑工程的土建部分同步进行。各种建(构)筑物一定要有防直击雷的设施,即安装避雷带、网、针,建筑物采用避雷带的比较多,各种易燃易爆场所的建筑物(如炸药仓库、鞭炮仓库、液化气站等危险场所)一般安装避雷针。建筑物上的各种金属构件如广告招牌、天线、太阳能热水器等应与避雷带进行搭接,且不应少于两处。

(2) 建筑物内的各种电器设施的防雷

如通信系统、计算机系统、家用电器等,即建筑物防雷装置的感应雷防护部分。它的特点是与建筑内设备的安装同步进行。对电源部分采取安装电源避雷器,信号部分安装相匹配的信号避雷器。家庭最常见的是雷电波侵入损坏电器。电视开着时受雷击,有的虽关着,但电源线或天馈线没有拔掉,也会遭到破坏。若家庭中没有安装避雷器的,在使用后应拔掉各种插座(电视、电脑不仅要拔掉电源插座,还要拔掉天线、网线)。

(3) 对人身安全的预防

雷击导致人员伤亡,主要在两种环境下发生。一是雷电直接击中建筑物时,导致建筑物内人员伤亡;二是人们置身于建筑物以外,雷电直接或间接击中人体而导致人员伤亡。切记,雷雨天慎打移动电话。

(4) 室内预防

在雷暴天气条件下,当你处在建筑物内时,防雷应该注意以下四个安全要点:

一是不能停留在楼(屋)面上。因为大多数雷击建筑都会发生在建筑物的顶部,尤其是在农村更是这样。

二是要注意关闭门窗。对钢筋水泥框架结构的建筑物来说,一般关闭门窗可以预防侧击雷和球雷的侵入。大多数时候人们看到闪电之后才看到球雷,也就是说直击雷发生之后才产生球雷的概率比较高。球雷直径一般为几厘米到几十厘米,发出红色、黄色或蓝色的光,像一团火球,故称作为球雷。一般以每秒几米的速度离地面数米高度作水平运动,也有呈现跳跃式运动,其具有巨大的能量。大多数球雷沿建筑物的烟囱、窗户、门进入室内,在室内运动数秒钟便逸出,也有从普通民房的瓦面逸出和逸出时引起爆炸的。关闭门窗,阻隔空气运动途径,可以阻止球雷入室。

三是不宜在雷雨天气洗澡。这主要是因为万一建筑物发生直击雷现象时,巨大的雷电流将沿着建筑物的外墙、供水管道流入地下,雷电流有可能沿着水流导致沐浴者遭雷击伤亡。同时也不要去触摸水管、煤气管道等金属管道。

四是不宜靠近建筑物的外墙以及电器设备,如高压电线变压电器等。打雷时不要靠近、更不能接触任何金属管线,如水管、暖气管、下水管等。因为人们不了解,建筑物的直击雷的防护设施的目的,主要是建筑物本身不受雷击损坏和减轻雷击时对建筑物内部的影响,却不能防止沿室外引入建筑物内的金属导体入侵的其他形式雷电危害。

当然,雷电天气来临时躲到室内相对于室外来说是安全多了,但还需要注意的是,最好不要使用任何家用电器,包括电视机、收音机、VCD、空调机、计算机、洗衣机、微波炉、电磁炉等等,最好是拔掉所有的电源线和信号线插头,也不要接听和打出任何电话。

(5)根据国家现行有关的法律法规规定,一方面对已建建筑物一定要按要求定期进行避雷装置安全性能检测,发现安全隐患要及时整改到位;另一方面对新建建(构)筑物的接闪器、引下线、接地体的设计应符合国家标准及相关行业标准。新建建(构)筑物的防雷设计图纸必须经过防雷专业技术管理部门审核,施工过程中要经过防雷技术部门进行跟踪技术监测,竣工后防雷部分应通过防雷部门组织专业验收,从而尽可能地提高建(构)筑物承受雷击灾害的能力。

4. 泥石流

要注意观察周围环境,特别留意是否听到远处山谷传来打雷般声响,如听到要高度警惕,这很可能是泥石流将至的征兆。如果在山区旅游时,不幸遇上泥石流,游客不要惊慌,必须遵循规律采取以下应急避险措施:

(1)根据各种现象判断泥石流发生之后应立即逃逸,要马上向与泥石流成垂直方向两边山坡上面爬,爬得越高越好,选择最短最安全的路径向沟谷两侧山坡或高地跑,切忌顺着泥石流前进方向往下游奔跑。

(2)不要停留在坡度大、土层厚的凹处。

(3)不要上树躲避,因泥石流可扫除沿途一切障碍。

(4)避开河(沟)道弯曲的凹岸或地方狭小高度又低的凸岸。

(5)不要躲在陡峻山体下,防止坡面泥石流或崩塌的发生;长时间降雨或暴雨渐小之后或雨刚停不能马上返回危险区,泥石流常滞后于降雨暴发。

（6）白天降雨较多后，晚上或夜间密切注意雨情，最好提前转移、撤离。

（7）在山区沟谷中游玩时，要选择平整的高地作为营地，尽可能避开有滚石和大量堆积物的山坡下面，不要在山谷和河沟底部扎营。切忌在沟道处或沟内的低平处搭建宿营棚。游客切忌在危岩附近停留，不能在凹形陡坡危岩突出的地方避雨、休息和穿行，不要攀登危岩。

在山区旅游，除了山洪、泥石流、滑坡、崩塌外，夏季雷电灾害、冬季冰雪灾害等都对游客的人身安全构成威胁。

二、意外伤害事故的处理

1. 皮肤烫伤

被开水、热汤、热油、蒸汽等烫伤时，轻者皮肤潮红、疼痛，重者皮肤起水泡，表皮脱落。发生烫伤后，可按如下方法处理：

（1）立即小心地将被热液浸透的衣裤、鞋袜脱掉，用清洁的冷水喷洒伤处或将伤处浸入清洁的冷水中，也可用湿冷毛巾敷患处，还可以用食醋浇到被烫伤的皮肤上。

（2）尽可能不要擦破水泡或表皮，以免引起细菌感染。为了防止烫伤处起水泡，可用食醋洗涂患处，也可以用鸡蛋清擦患处。如果水泡已经被擦破，可用消毒过的纱布覆盖伤处，然后送医院治疗。

（3）轻度烫伤或烫伤面积较小，可用鸡蛋油涂患处。鸡蛋油的做法是：取鸡蛋1个，去掉蛋清，将蛋黄放在锅里不加油炒到发焦，最后慢慢熬出鸡蛋油来，待鸡蛋油冷却后，即可使用。

2. 眼睛烫伤

人体通常都有一种特有的自然保护性反应，譬如在灼热的致伤物突然溅起的瞬间，眼睛就会自然产生一种迅速的反射性闭眼动作，所以眼睛烫伤多半在眼皮上。烫伤时眼皮发红、肿胀，有时起水泡。由于开水、水蒸气或沸油油滴都是高温无菌的,所以处理这类烫伤时不必进行冲洗,一般只要在烫伤处抹点金霉素眼膏或红霉素眼膏。如果有小水泡,尽量不要挑破。烫伤处不必包扎,可任其暴露,经3～5天就会渐渐愈合。如果伤者眼内摩擦感很重,流泪极多,并且角膜(黑眼球)上可看到有白点,那就说明角膜已经被烫伤,这时一定要去医院治疗。

3. 烧伤

烧伤是日常生活、生产劳动中常见的损伤,烧伤主要指火焰的高温对人体组织的一种损伤,常由于火灾、易燃物爆炸(煤气、汽油、煤油)等引起。轻度、小面积的烧伤对人体健康影响不大,但是特别疼痛,而且容易导致休克、感染,甚至死亡。按烧伤的深度估计,一般采用三度四分法,即一度烧伤、浅二度烧伤、深二度烧伤和三度烧伤。

一度烧伤:表现为受伤处皮肤轻度红、肿、热、痛,感觉过敏,无水泡。

浅二度烧伤:表现为受伤处皮肤疼痛剧烈、感觉过敏,有水泡;水泡剥离后可见创面均匀发红、潮湿、水肿明显。

深二度烧伤:表现为受伤皮肤痛觉较迟钝,可有或无水泡,基底苍白,间有红色斑点;拔毛时可感觉疼痛。

三度烧伤:皮肤感觉消失,无弹性,干燥,无水泡,蜡白、焦黄或炭化;拔毛时无疼痛。

烧伤的急救原则是消除烧伤的原因,保护创面,设法使伤员安静止痛。

消除烧伤的原因应根据不同的情况采用不同的办法。如果火焰直接烧伤应迅速离开火源;当身上着火时不要惊慌,可用水将火浇灭,也可脱去着火的衣服,或就地慢慢打滚将火压灭,如有水坑、水塘、溪河,亦可入水灭火。注意身上起火千万不可乱跑,以免风助火燃,加重烧伤。火势很旺时不可用手扑打,以免烧坏手指。在火灾现场尽量用湿毛巾捂住口鼻,少说话,尤其不能大声呼叫,以防吸入高温烟雾烧伤呼吸道。被蒸汽或热的液体烫伤时,要立即将烫伤部位的衣服脱掉,可防止烫伤加重。因触电烧伤者应立即切断电源。

对于烧伤面积小者和四肢的烧伤,可用冷水冲淋或浸泡,能起到减少损害减轻疼痛的作用。浸浴时间一般为半小时或不痛为止。胸背部烧伤的伤员,救助者可将干净的毛巾盖在创面上,然后用凉水向上浇,以减轻疼痛。

4. 中暑

随着全球气候变暖,已经习惯于人工恒温环境中生活工作的人们,由于普遍面临机体耐热能力的下降,日常生活中中暑的发生率呈逐渐升高的趋势。据不完全资料统计,中暑的病死率可高达20%到70%。所以在炎热的夏季,人们更需积极防治中暑。

中暑是由高温环境引起的体温调节中枢功能障碍、汗腺功能衰竭和水、电解质丢失过量所致。它分为3种类型:

(1) 热射病(中暑高热)。是因高温引起体温调节中枢功能障碍、热平衡失调而使体内热蓄积,主要表现为:头晕、头痛、耳鸣、剧烈呕吐、无汗、烦躁,严重者出现昏迷、惊厥。

(2) 热痉挛(中暑痉挛)。是由于失水、失盐引起肌肉痉挛。以四肢、咀嚼肌多见,痉挛肌肉呈对称性发作,时发时愈,但病人的体温正常。

(3) 热衰竭(中暑衰竭)。主要因周围循环不足,引起虚脱或短暂晕厥。

在日常生活中,若中暑,可采用以下方法进行急救处理:

(1) 轻症中暑:立即将病人移至阴凉通风处或电扇下,最好移至空调室,以增加辐射散热。给予清凉含盐饮料;可选服仁丹、十滴水、开胸顺气丸、藿香正气片等,用一心油、风油精涂擦太阳穴、合谷等穴;体温高者可给予冷敷或酒精擦浴。必要时可静脉滴注含5%葡萄糖生理盐水1 000～2 000 mL。经上述处理后30分钟到数小时内即可恢复。

(2) 重症中暑：

① 热痉挛。在补足体液的情况下，仍有四肢肌肉抽搐和痉挛性疼痛，可缓慢静脉注射 10％葡萄糖酸钙 10mL，加维生素 C 0.5 g。

② 热衰竭。快速静脉滴含 5％葡萄糖生理盐水 2 000～3 000 mL，如血压仍未回升，可适当加用多巴胺、阿拉明等升压药，使血压维持在 12 kPa 以上。

③ 热射病。预后严重，病死率可达 30％。现场可采取物理降温：将患者浸浴在 4℃水中，并按摩四肢皮肤，加速血液循环，促进散热；每隔 15 分钟测肛温一次，肛温降至 38.5 度时停止降温，移至空调室观察。对体弱及心血管病患者可移至空调室酒精擦浴。

5. 溺水

游泳中常会遭遇到的意外是抽筋、疲乏、漩涡、急浪等，这时，要沉着冷静，按照一定的方法进行自我救护，同时发出呼救信号。为避免悲剧的重演，请务必记住溺水自救 5 法：

(1) 水性不熟者自救法

除呼救外，取仰卧位，头部向后，使鼻部可露出水面呼吸。呼气要浅，吸气要深。因为深吸气时，人体比重降到比水略轻，可浮出水面，此时千万不要将手臂上举乱扑动，反而会使身体下沉更快。

(2) 水中抽筋自救法

抽筋的主要部位是小腿和大腿，有时手指、脚趾及胃部等部位也会抽筋。

① 游泳时发生抽筋，千万不要惊慌，一定要保持镇静，停止游动，先吸一口气，仰面浮于水面，并根据不同部位采取不同方法进行自救。

② 若因水温过低而疲劳产生小腿抽筋，则可使身体成仰卧姿势。用手握住抽筋腿的脚趾，用力向上拉，使抽筋腿伸直，并用另一腿踩水，另一手划水，帮助身体上浮，这样连续多次即可恢复正常。上岸后用中、食指尖掐承山穴或委中穴，进行按摩。

③ 要是大腿抽筋的话,可同样采用拉长抽筋肌肉的办法解决。

④ 两手抽筋时,应迅速握紧拳头,再用力伸直,反复多次,直至复原。如单手抽筋,除做上述动作外,可按摩合谷穴、内关穴、外关穴。

⑤ 上腹部肌肉抽筋,可掐中脘穴(在脐上四寸),配合掐足三里穴,还可仰卧水里,把双腿向腹壁弯收,再行伸直,重复几次。

⑥ 抽过筋后,应换种姿势游回岸边。如果不得不仍用同一游泳姿势时,就要提防再次抽筋。

(3) 水草缠身自救法

① 最好不去陌生水域,以免被水草缠住。一旦遭遇水草缠身,首先要镇定,切不可踩水或手脚乱动,防止肢体被缠得更难解脱,或在淤泥中越陷越深。

② 用仰泳方式(两腿伸直、用手掌倒划水)顺原路慢慢退回。或平卧水面,使两腿分开,用手解脱。

③ 如随身携带小刀,可把水草割断,不然试试把水草踢开,或像脱袜那样把水草从手脚上捋下来。自己无法摆脱时,应及时呼救。

④ 摆脱水草后,轻轻踢腿而游,并尽快离开水草丛生的地方。

(4) 身陷漩涡自救法

① 有漩涡处,水面常有垃圾、树叶杂物在打转,只要注意就可早发现,应尽量避免接近。

② 如果已经接近,切勿踩水,应立刻平卧水面,沿着漩涡边,用爬泳快速地游过。因为漩涡边缘处吸引力较弱,不容易卷入面积较大的物体,所以身体必须平卧水面,切不可直立踩水或潜入水中。

(5) 疲劳过度自救法

① 觉得寒冷或疲劳,应马上游回岸边。如果离岸甚远,或过度疲乏而不能立即回岸,就仰浮在水上以保留力气。

② 举起一只手,放松身体,让对方拯救。不要紧抱着拯救者不放。

③ 如果没有人来,就继续浮在水上,等到体力恢复后再游回岸边。

夏季防溺水记住"七不两会"9句话:即不私自下水游泳;不擅自与同学结伴游泳;不准在无家长(监护人)或老师带领的情况下游泳;不到不熟悉的水域游泳;不到无安全设施、无救护人员、无安全保障的水域游泳;不到河、沟、水塘、水坑等危险水域边玩耍嬉戏;不盲目下水施救,发现险情时相互提醒、劝阻并报告;会基本的自护;会自救方法。

6. 触电

触电包括交流电击伤和雷电击伤。损伤包括外损伤和内损伤。触电可造成体表入口和出口伤,均由电能通过身体产生的热能所致。触电伤员轻者造成机体损伤、功能障碍,重者死亡。

(1) 触电的现场表现为:

① 轻伤:触电部位起水泡,组织破坏,损伤重的皮肤烧焦,甚至骨折,肌肉、肌腱断裂,能发现两处伤口。

② 重伤:抽搐、休克、心律不齐。有内脏破裂。触电当时也可出现呼吸、心跳停止。

(2) 触电的现场急救

① 切断总电源。如电源总开关在附近,则迅速切断电源。

② 脱离电源。用绝缘物(木质、塑料、橡胶制品、书本、皮带、棉麻、瓷器等)迅速将电线、电器与伤员分离。要防止相继触电。

③ 心肺复苏。心跳、呼吸停止者立即进行心肺复苏术。

④ 包扎电烧伤伤口。

⑤ 速送医院。

三、几种常见的心肺复苏急救方法

近年来,猝死、触电、溺水多见于校园,当发现有这类病人时应进行胸外心脏按压、人工呼吸等心肺复苏措施。下面几种手法不失为挽救患者生命的有效手段。

1. 生命之吻

当病人呼吸停止,而心跳也随之停止或还有微弱的跳动,用人工呼吸的方法帮助病人进行呼吸活动,可达到气体交换的目的,常用在溺水、触电、煤气中毒、缢死呼吸停止的现场。等医生到来时,取而代之以人工呼吸机辅助呼吸。人工呼吸对挽救以上病人的生命是举足轻重的,否则即使心跳恢复了,呼吸不恢复,心跳也不能持久。所以在心肺复苏过程中,心脏按压和建立人工呼吸缺一不可。

(1) 人工口对口呼吸法(图9-1),是用急救者的口呼吸协助伤病者呼吸的方法。它是现场急救中最简便最有效的方法。

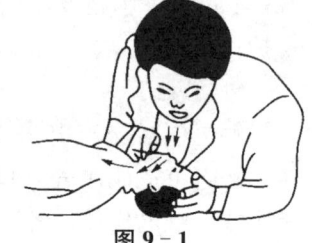

图9-1

先吹两口气:清洗病伤者口鼻异物后,口对口呼吸前先向病人口中吹两口气,扩张已萎缩的肺,以利气体交换。病人口张开:抢救者吸一口气后,张大口将病人的口全包住,而病者的口全张开。注意捏鼻动作:快而深地向病者口内吹气,并观察病者胸廓有无上抬下陷活动。一次吹完后,脱离病者之口,捏鼻翼的手同时松开,慢慢抬头再吸一口新鲜空气,准备下次口对口呼吸。

姿势:病人仰卧位,头后仰,颈背且用枕头或衣物垫起。下颌抬起,口盖两层纱布,急救者用一手扶于前额,另一手拇、食指捏紧病者鼻翼,以防吹进的气体从鼻孔漏出。

(2) 口对鼻及口对口鼻人工呼吸法,适应牙关紧闭、不能张口的患者。

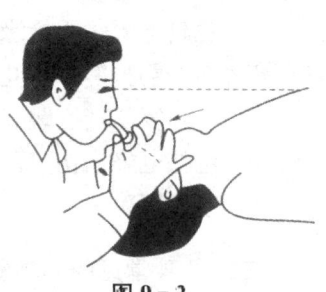

图9-2

(3) 口咽管吹气法(图9-2),急救用的口咽管用无毒的化工原料制成。

① 将管的粗端含在口腔(儿童用细的一端)。

② 把管中段椭圆形突出部,正好压在病人口唇上,再用手密封病人口鼻,急救者通过口咽管将气吹入。

③ 吹气时,对成年伤病者5秒钟要用力吹一次,对儿童伤病者3秒钟轻吹一次。

④ 观察到病者胸部有起伏时,放开口鼻停止吹气,让病人自动呼吸。

2. 挤压呼吸法

(1) Silvester 法(见图9-3)

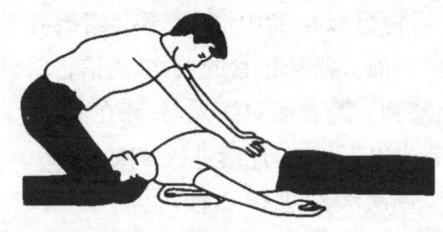

图 9-3

在病人中毒或面部受伤的情况下,无法进行口对口式人工呼吸,尤其当病人需要进行心脏压迫时。对于成年人应每分钟重复进行12次。如果没有效果,将病人侧放,在肩部后背外轻击,让阻塞物脱离,呼吸循环恢复通畅。

第一步是使伤病者仰卧平地或床上,颈、肩垫枕头或衣物,使颈部伸直,头仰,抬下颌,松解衣扣、领带、腰带等。

第二步是急救者跪于病伤者头前,固定住病人头部,两手居伤病者前臂中部,将其直拉向头两侧并使其伸直,使肋骨上移,胸部扩张,使空气顺利吸入肺内。

第三步是持续2~3秒钟后,将其两臂紧贴伤病者的左右胸廓,以肘部挤压2~3秒钟,挤压应均匀有力,但不能用力过猛过大,以防肋骨骨折。借助挤压的力量,使胸廓缩小,压出肺内气体,形成呼气。每分钟16~18次,反复进行,直至病人有自主呼吸为止。

首先的5分钟最为关键,但是如果病人仍未恢复呼吸,人工呼吸至少应持续1小时,团队成员可以替换进行。同时检查心跳是否正常。

曾有过本能呼吸停止3小时后通过人工呼吸方法救活的例子。无论是溺水、电击还是体温过低者,都有成功的范例,所以任何情况下都不要放弃。

(2) 霍格·尼尔森式

有的时候,无法对病人进行口对口式人工呼吸,或者无法把病人翻过身来,这时候就可以采用霍格·尼尔森式的方法,使病人恢复呼吸。病人面朝下平躺在地上,污物可以从嘴中流出,不会堵塞呼吸道。将病人手臂弯曲,垫在面部下面。松开扣紧的衣物,确信舌头伸向前,口部没有水草、泥浆等阻塞物。跪着面对病人,一膝在前,手掌伸展压击病人肩后背部,依次完成以下程序,连续进行8次。

① 直臂向前推压肩后背,每次大约进行2秒,见图9-4(1)所示。

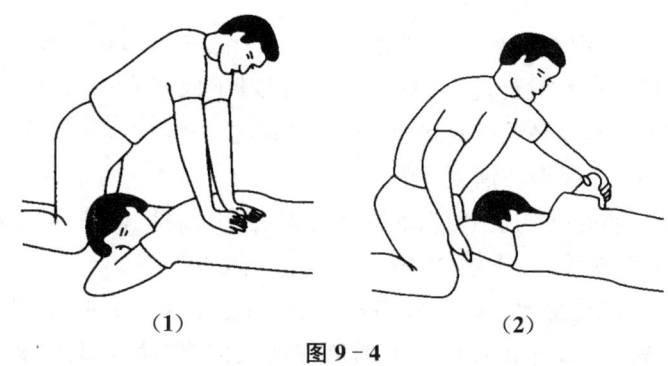

(1)　　　(2)
图9-4

② 注意:如果病人双臂受伤,可将折叠的毛毯垫在额前,举臂时可握住腋下部位,如图9-4(2)所示。如果肋骨或肩部严重受伤,这种方法就不切合实际了。在呼吸恢复之后,将病人按恢复态位位置放置,但如果脊椎骨受损就不能这样了。

3. 胸外心脏按压法

胸外心脏按压时,收缩压可达13.3 kPa(100 mmHg),平均动脉压为 5.3 kPa(40 mmHg);颈动脉血流仅为正常的 1/4～1/3,这是支持大脑活动的最小循环血量。因此,进行胸外心脏按压时,患者应平卧,最好头低脚高位,背部垫木板,以增加脑的血流供应。

（1）定位:抢救者用靠近患者下肢手的食指、中指并拢,指尖沿其肋弓处向上滑动(定位手),中指端置于肋弓与胸骨剑突交界即切迹处,食指在其上方与中指并排(图 9-5)。另一只手掌根紧贴于第一只手食指的上方固定不动;再将第一只手(定位手)放开,用其掌根重叠放于已固定手的背上,两手手指交叉抬起,脱离胸壁。

（2）姿势:抢救者双臂伸直,肘关节固定不动,双肩在患者胸骨正上方,用腰部的力量垂直向下用力按压(图 9-6)。

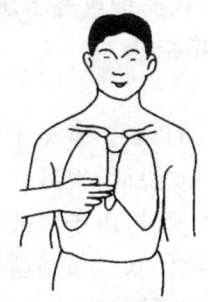
图 9-5　确定胸骨下切迹

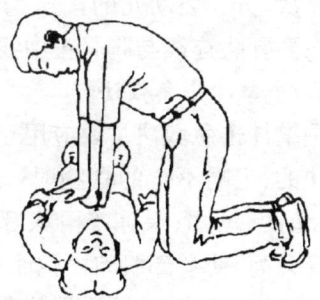
图 9-6　胸外心脏按压姿势

（3）频率:80～100 次/分。

（4）深度:成人 4～5 厘米。

4. 双人心肺复苏

双人心肺复苏由两个抢救者分别进行口对口人工呼吸与胸外心脏按压。其中一人位于患者头侧,另一人位于胸侧。按压频率为 80～100 次/分,按压与人工呼吸的比值为 5:1。即 5 次胸外心脏按压给以 1 次人工呼吸。每 5 秒完成一轮动作。位于患者头侧的抢救者承担监测脉搏和呼吸,以确定复苏的效果;位于胸侧的抢救者负责胸外心脏按压(图 9-7)。

注意点:按压时手指不应压在胸壁上,两手掌应保持交叉放置按压,否则易造成肋骨骨折。按压速度不宜过快或过慢;按压位置应正确,否则易造成剑突、肋骨骨折而致肝破裂、血气胸。按压时施力不垂直,易致压力分解,摇摆按压易造成按压无效或严重并发症。冲击式按压、抬手离胸、猛压等,易引起骨折。按压与放松要有充分时间,即胸外心脏按压时下压与向上放松的时间应相等;儿童只要用一只手掌根按压即可,其频率仅需 5∶1,按压频率应大于 100 次/分。婴幼儿的按压采用环抱法,即双拇指重叠下压,其部位在两乳头连线与胸骨正中线交界点下一横指处。

图 9-7 双人心肺复苏姿势

5. 手拳冲击急救法

手拳冲击急救法主要应用于呼吸道阻塞的急救。常见于在摄入大块的、咀嚼不全的食物时,若同时又大笑或说话,很易使一些肉块、鱼团、汤团、果冻等滑入呼吸道;大量饮酒时,由于血液中酒精浓度升高,使咽部肌肉松弛而吞咽失灵,食物团块也极易滑入呼吸道;此外昏迷病人,因舌根坠落,胃内容物和血液等返流入咽部,也可阻塞呼吸道入口。

腹部手拳冲击法又称 Heimlich 急救法。1983 年首先由美国 Heimlich 发现报道。现场急救呼吸道异物已经有数千成功案例,因为效果较好,所以被作为卫生常识进行普及。

手拳冲击腹部时,使腹部压升高,横膈抬高,胸腔压力瞬间增高后,迫使肺内空气排出,形成人工咳嗽,使呼吸道内的异物上移或驱出。方法是急救者站或跪在病人身后,双臂抱住病人腰部,双手叠放在腹部中间,一手握拳以拇指撕压肋骨以下的腹间,位于腹中线脐上远离剑突处(如图 9-8)。加压并迅速猛击 6 次,使阻碍物放松,然后再来 6 次。当病人开始恢复呼吸,或者大声咳嗽驱出异物即可停止。

要注意施力方向,防止胸部和腹内脏器损伤。如果开始时没有成功,再重复做,不要放弃。如果阻塞物已被清除,而病人尚未恢复呼吸,要准备好进行人工呼吸。

如果伤员昏迷,让昏迷者仰面躺在地上,双膝分开,双掌交叠,斜放在病人脐部,迅速向上腹猛力推压。如果阻塞物似乎并没有移开,迅速将病人侧放,在肩胛骨之间连击6次。如果需要,重复再来。

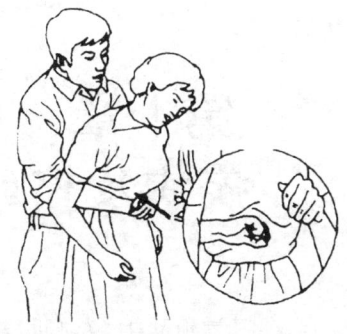

图9-8　手拳冲击急救法

第十章　食物中毒、传染疾病及猝死的预防与处置

在日常生活中，人们时常会遭遇食物中毒事故和传染疾病的侵袭。无论是食物中毒事故，还是传染疾病，都会给人们的人身安全构成侵害。轻则导致身体不适，重则损害身体，甚至导致人的伤残和死亡。不仅影响人们的学习、生活，还会造成人的重大伤亡。2013年，全国食物中毒类突发公共卫生事件报告152起，中毒5 559人，死亡109人；报告较大级别食物中毒事件76起，中毒1 099人，死亡109人；报告一般级别食物中毒事件76起，中毒4 460人。在食物中毒事件中，发生在家庭的食物中毒事件报告起数和死亡人数最多；发生在集体食堂的食物中毒事件中毒人数最多。

2013年全国（不含港澳台，下同）共报告法定传染病发病6 416 418例，其中甲类传染病发病53例；乙类传染病除传染性非典型肺炎、脊髓灰质炎和白喉无发病报告外，其他共报告发病3 057 410例。报告发病数居前五位的病种依次为病毒性肝炎、肺结核、梅毒、细菌性和阿米巴性痢疾、淋病；同期，丙类传染病共报告发病3 358 955例。报告发病数居前五位的病种依次为手足口病、其他感染性腹泻病、流行性腮腺炎、流行性感冒和急性出血性结膜炎。

因此，广大大学生应积极做好食物中毒事故和传染疾病防控工作，以有效保护自身安全和权益，保障学习顺利进行，保持身心健康。

第一节 案例与分析

典型案例1

2013年5月20日,山东某大学的学生相继出现腹痛、腹泻、抽搐等症状,经负责抢救的医院急诊内科检查,20名学生均为食物中毒。经医生初步检测,学生误食含有机磷的食物而中毒。据中毒学生回忆,他们都曾吃过在校门口附近一瓜摊上购买的西瓜,怀疑跟西瓜有关。

案例分析:本案例属于有机磷中毒,是化学性食物中毒的一种。瓜农在种植水果或蔬菜过程中,使用了化学农药进行杀虫,所以市场上许多水果或蔬菜表面含有农药残留,如果食用前不清洗干净,易导致食物中毒。此案例告诉我们,在食用水果前,应将水果充分清洗或浸泡,最大限度地把水果表面农药残留物清洗干净,再安全食用。

典型案例2

2013年9月23日,河南某大学多名学生从晚10点开始,至24日上午11点,陆续出现呕吐、腹泻、发烧症状,共有168人次到医院观察和治疗。在医院观察治疗的学生病情稳定,病情较重的4位学生症状已明显好转,所有患病学生均无危险。专家经过会诊与调查,了解到就诊的学生23日中午大多食用过同一个地方的炸鸡腿,初步判断是食物变质引起。2013年11月12日下午,陕西某大学43名学生在食用食堂的"土耳其烤肉"饭后陆续出现呕吐、腹泻症状,被紧急送往医院治疗。

案例分析:本案例属于变质食物引进细菌性食物中毒。鸡腿、鸡翅、各种肉等油炸类或烧烤类食物,会存在三个方面不足:一是有的食物在油炸或烧烤前存放时间就已很长,已经变质,但不易发现与辨别;二是这些食物经过油炸或烧烤后,营养成分失去较多,质量下降,营养价值不大;三是这类食物在油炸或烧烤过程中经常会"半生不熟"。所以油炸类或烧烤类食品多为"垃圾"食品。此案例告诉我们,食用油炸类或烧烤类食物有食品安全风险,不建议食用。

典型案例3

某大学5名同学在登山途中采回一些鲜嫩的"金银花"回宿舍泡喝,不久出现中毒现象。经检验,采回的"金银花"实为剧毒的"断肠草"。某职业学院的几名学生,为了给其中一位同学过生日,自行采购食品在宿舍烧煮,举办生日聚餐,餐后全部出现腹泻、呕吐、发热等症状。经了解,他们采购的食品中,有过期发芽的马铃薯。

案例分析:此案例属于植物性食物中毒。植物性食物中毒是指有些天然植物本身含有有毒物质,或者有些植物由于保存方法不当在保存过程中形成有毒物质而引起的食物中毒。最常见的植物性食物中毒为菜豆中毒、毒蘑菇中毒、木薯中毒;可引起死亡的植物性食品有毒蘑菇、发芽马铃薯、曼陀罗、银杏、苦杏仁、桐油等。建议不随意采集不熟悉的植物食用,也建议大学生不要在宿舍内烧煮聚餐,既容易发生消防安全事故,也容易出现许多食品安全事故。

典型案例4

海南某学校发生急性肠道传染病疫情。经疾病预防控制中心调查,从10月29日开始,该大学部分学院有少数学生发生腹泻,到11月1日,共发现有腹泻症状者30人,其中22例症状较轻的病人隔离在某医院并进行采样和预防性服药,8例病人在医院传染病科进行隔离治疗。该疫情经市疾控中心实验室核实为霍乱,实验室诊断病例7例,疑似病例1例。

案例分析：此案例属于小范围霍乱传染病。霍乱是由霍乱弧菌引起的急性传染病，它发病急，传播迅速，在历史上有过多次暴发流行，在我国《传染病防治法》中属于甲类传染病。霍乱主要通过饮水、饮食等途径传播，当人摄入被霍乱弧菌污染的水或食物时，就会感染、发病。苍蝇、蟑螂等带菌昆虫污染食物和水也有可能引起暴发流行。预防此类传染病主要是注意个人卫生及保持环境清洁，便后与餐前勤洗手，饮用煮沸后的开水，彻底煮熟食物，避免食物互相污染——尤其是即食食品和生吃的食物。

典型案例5

2011年3月4日，东北某大学一名男同学出现发烧、头晕，并伴有左膝关节疼痛病症。经医院诊治，两天后效果不明显转院治疗。3月14日该学生布病（布鲁氏菌病）血清学检验阳性，随后，该校又有多名学生被检测出布病血清学阳性。据初步了解，患病学生所在的班级分别于去年12月使用同一批山羊，在多间实验室进行过"产科综合大实验"和"家畜解剖课实验"，且患病学生大多为亲自动手做实验的学生。初步认为这4只未检疫山羊带有布鲁氏菌，此事共造成27名学生和1名教师感染。

案例分析：此案例属于生物安全范畴。现在许多大学因专业学习需要，开设生物类或解剖类实验课程，实验过程中，如果防护措施不科学，生物因子、微生物、病原体等都可以造成人体感染致病。所以大学生在上生物实验类课程或解剖类课程时，应注意科学防护，自我保护，规范操作流程，遵循老师的指导方法，避免出现感染。

典型案例6

近年来，全国发生多起大学生猝死事件。2012年11月27日早上，广东某高校信息学院一名学生被发现猝死于宿舍中，其同学认为，熬夜是导致其猝死的主要原因。2012年6月，山东某高校20

岁女生猝死,她因为考研以及找工作的压力,猝死前两个月长期熬夜。2012年11月,四川某大学学生张某参加校园活动时猝死。2013年6月,江苏某高校学生在打篮球时,突然倒地猝死。2014年3月,江苏某高校学生与同学在校外聚餐,返校途中,突然感觉胸闷,倒地后不省人事,经抢救无效猝死……

案例分析:猝死的诱因很多,主要分为心脏性和非心脏性两大类。预防猝死的措施主要包括:要积极治疗原有的疾病,如高血压、冠心病等,戒烟限酒,合理膳食,防止肥胖,避免精神过度紧张,适量运动,生活要有规律等。

下面,对食物中毒、传染疾病及猝死进行综合分析。

一、食物中毒

目前,我国食品安全形势总体上是好的,但食品污染事件和食物中毒事故仍时有发生。为追求一个好"卖相",在食品加工中违法使用甲醛、双氧水、工业碱等有毒物品,已经成为食品加工行业的"潜规则"。某地有关部门检查中发现,有三成水产品中含有甲醛。一些水产品加工作坊的黑心小贩用甲醛、烧碱、双氧水等发制牛百叶、黄喉、鱿鱼、海参、蹄筋等干货,这些劣质食品从不可计数的小作坊中大量流出,流进广大民众的生活。小超市里,大部分包装食品、饮料都是从未见过的牌子。70%的食品加工小作坊难以保证食品质量安全。继"毒奶粉"之后,各地惊现"毒韭菜"、"毒粉丝"、"毒鸡蛋"、"毒泡菜"、流进炒锅的"地沟油"、钻进饭碗的"毒大米"、"一剑封喉"的甲醇酒……与此同时,甲醛泡腐竹、砒霜泡毛肚、硫磺熏干笋等"食品加工技术"一一大白于天下。民以食为天。一日三餐虽然是人们生活中再平常不过的事,但饮食安全关系到每个人的生活质量和生命安全。因此了解食物中毒及其预防常识是保障饮食安全的重要之举。

1. 食物中毒的含义

食物中毒是指由健康人经口摄入正常数量、可食状态的"有毒食物"(指被致病菌及其毒素、化学毒物污染或含有毒素的动植物食物)后所引起的以急性、亚急性感染或中毒为主要临床特征的疾病。

变质食品、污染水源是主要传染源,不洁手、餐具和带菌苍蝇是主要传播途径。

2. 食物中毒的分类及表现

食物中毒可分为细菌性食物中毒、真菌毒素中毒、动物性食物中毒、植物性食物中毒和化学性食物中毒。

(1) 细菌性食物中毒

所谓细菌性食物中毒是指人们摄入含有细菌或细菌毒素的食品而引起的食物中毒。引起食物中毒最主要、最常见的原因就是食物被细菌污染,细菌性食物中毒是人们日常生活中最常遇到的食物中毒事故。引起细菌性食物中毒主要有以下几个原因:

① 禽畜在宰杀前就是病禽、病畜。

② 刀具、砧板及用具不洁,生熟交叉感染,食用前又未充分加热处理。

③ 食品在生产、加工、运输、贮存、销售等过程中,卫生状况差,蚊蝇滋生,造成食物污染或食品已经腐败变质。此类中毒事故发生率最高,发生在学校食堂和饮食服务单位的食物中毒事故多属于此类。

④ 食品从业人员带菌污染食物。

⑤ 贮存方式不当或在较高温度下存放较长时间。

⑥ 食前未充分加热,未充分煮熟。

引起细菌性食物中毒的准备致病菌主要有沙门氏菌、葡萄球菌、变形杆菌、大肠杆菌、宋内氏志贺菌、肉毒杆菌、肝炎病毒等。引起沙门氏菌食物中毒的食品主要是肉、鱼、禽、奶、蛋类。中毒原因主要是食用了病死牲畜肉或在宰后被污染的牲畜肉,加工食品用具、容器或食品储存场所生熟不分,食前未加热处理或加热不彻底。

（2）真菌毒素中毒

真菌在谷物或其他食品中生长繁殖产生有毒的代谢产物,人和动物食用这种毒性物质发生的中毒,称为真菌性食物中毒。如赤霉病麦、霉变甘蔗等。

中毒发生主要因为被真菌污染的食品,用一般的烹调方法加热处理不能破坏食品中的真菌毒素。真菌生长繁殖及产生毒素需要一定的温度和湿度,因此中毒往往有比较明显的季节性和地区性。

（3）动物性食物中毒

食入动物性中毒食品引起的食物中毒即为动物性食物中毒,如食用河豚、有毒贝类、鱼类组胺、动物内脏（过冬的狼和狗肝脏）、腺体（甲状腺等）所引起的食物中毒。

动物性中毒食品主要有两种:一是将天然含有有毒成分的动物或动物的某一部分当做食品;二是在一定条件下产生了大量的有毒成分的可食的动物性食品,如食用鲐鱼等也可引起中毒。近年,我国发生的动物性食物中毒主要是河豚中毒,其次是鱼胆中毒和动物肝中毒。

（4）植物性食物中毒

植物性食物中毒主要有以下3种:

① 将天然成分的植物或其加工制品当做食品,如桐油、大麻油、火麻仁、苍耳子、乌桕等引起的食物中毒;

② 将在食品的加工过程中未能破坏或除去有毒成分的植物当做食品食用,如木薯、苦杏仁等;

③ 在一定条件下,不当食用大量有毒成分的植物性食品,如食用鲜黄花菜、发芽马铃薯、未腌制好的咸菜、生豆浆或未烧熟的扁豆、四季豆等造成中毒。最常见的植物性食物中毒为菜豆中毒、毒蘑菇中毒、木薯中毒;可引起死亡的植物性食品有毒蘑菇、发芽马铃薯、曼陀罗、银杏、苦杏仁、桐油等。

(5) 化学性食物中毒

化学性食物中毒主要包括以下几种：

① 误食被有毒害的化学物质污染的食品：主要是食用被亚硝酸盐、农药、鼠药污染的食物引起的中毒。这类中毒发生的数量较多，且中毒者病情危重，死亡率极高。

亚硝酸盐外观及滋味都与食盐相似，是一种允许使用的食品添加剂，只要控制在安全范围内使用不会对人体造成危害。但大剂量的亚硝酸盐能够引起高铁血红蛋白症，导致组织缺氧，还可使血管扩张、血压降低。人体摄入 0.2～0.5 g 即可引起中毒，3 g 可致死。

长期大量食用含亚硝酸盐的食物有致癌的隐患。因为亚硝酸盐在自然界和胃肠道的酸性环境中可以转化为具有强烈致癌作用的亚硝胺。

常见原因：误食；在食品加工时，放得过多；投毒。此外，食用存放过久的熟菜、蔬菜、腌制不透的酸菜均可能引起亚硝酸盐中毒。

② 滥用食品添加剂或使用非食品原料中毒。

③ 食用因贮藏等原因造成营养素发生化学变化的食品，如油脂酸败造成中毒；食用加工、制作、贮存不当的酵米面导致食物中毒。

④ 化学毒剂急性中毒：既有滥用农药也有投毒造成的中毒，投毒物质常为剧毒鼠药或亚硝酸盐。化学毒剂急性中毒主要有：急性有机磷农药中毒（有机磷农药是当前使用最广、品种最多的农药之一，国内每年因此发生中毒和死亡者居各种化学物中毒之首）；急性氟矽酸钠中毒；急性锌中毒；急性砷中毒；急性锑中毒；急性重铬酸钾中毒等。

化学性食物中毒的处理主要是对症和支持治疗，重症可用抗生素。须及时纠正水、电解质紊乱和酸中毒。在处理化学性食物中毒时应突出一个"快"字！

3. 污染的食品对人体的危害

(1) 急性毒性:污染物随食物进入人体,在短时间内造成机体损害并出现临床症状(如急性肠胃炎型)等,称为急性中毒。引起急性中毒的污染物有细菌及其毒素、霉菌及其毒素和化学毒物等。

(2) 慢性毒性:食物被某些有害物质污染,其含量虽少,由于长期持续不断地被摄入体内并且在体内蓄积,几年、十几年甚至几十年后引起机体损害,表现出各种各样的慢性中毒症状,如慢性铅中毒、慢性汞中毒、慢性镉中毒等。

(3) 致畸作用:某些食品污染物,在人体胚胎的细胞分化和器官形成过程中,可使胚胎发育异常。

(4) 致癌作用:目前具有或怀疑有致癌作用的物质有数百种,常见可污染食品的为数也不少,如多环芳烃、芳香胺类、氧胺类、亚硝胺化合物、黄曲霉毒素等,天然致癌物以及砷、镉、铅等。

(5) 致突变作用:食品中某些污染物能引起生殖细胞和体细胞的突变,不论其突变的性质如何,一般都是这种化学物质毒性的一种表现。

二、传染病

近年来,中国在传染病的预防和控制领域取得了重大成就。然而,学校传染病等突发公共卫生事件的发生率仍居高不下,特别是农村学校的发生率明显高于城市学校。据统计,中国70%以上的突发公共卫生事件发生在学校。因此,要进一步加强学校传染病预防控制工作,及时有效控制传染病暴发,切实做好突发公共卫生事件应急处理工作。

1. 传染病的含义

传染病是由病原体(细菌、病毒等)引起的,能在人与人、动物与动物或人与动物之间相互传染的疾病,它是许多种疾病的总称。传染病是一种可以从一个人或其他物种,经过各种途径传染给另一个人或物种的感染病。通常这种疾病可借由直接接触已感染之个体、感染者之体液及排泄物、感染者所污染到的物体传播，传播主要途径有空气传播、水源传播、食物传播、接触传播、土壤传播、垂直传播等。

2. 传染病的分类

为了预防、控制和消除传染病的发生与流行，保障人体健康，我国于 1989 年 2 月 21 日颁布了《中华人民共和国传染病防治法》。本法规定管理的传染病分为甲类、乙类和丙类，截止到 2013 年 10 月 28 日，又进行了几次调整。

目前法定传染病共计 39 种，其中甲类传染病 2 种，乙类传染病 26 种，丙类传染病 11 种。

甲类传染病：甲类传染病也称为强制管理传染病，包括鼠疫、霍乱，共 2 种。对此类传染病发生后报告疫情的时限，对病人、病原携带者的隔离、治疗方式以及对疫点、疫区的处理等，均强制执行。

乙类传染病：乙类传染病也称为严格管理传染病，共 26 种，包括：传染性非典型肺炎、艾滋病、病毒性肝炎、脊髓灰质炎、人感染高致病性禽流感、麻疹、流行性出血热、狂犬病、流行性乙型脑炎、登革热、炭疽、细菌性和阿米巴性痢疾、肺结核、伤寒和副伤寒、流行性脑脊髓膜炎、百日咳、白喉、新生儿破伤风、猩红热、布鲁氏菌病、淋病、梅毒、钩端螺旋体病、血吸虫病、疟疾、人感染 H7N9 禽流感。对此类传染病要严格按照有关规定和防治方案进行预防和控制。其中，传染性非典型肺炎、炭疽中的肺炭疽这两种传染病虽被纳入乙类，但可直接采取甲类传染病的预防、控制措施。

丙类传染病：丙类传染病也称为监测管理传染病，共 11 种，包括：流行性感冒，流行性腮腺炎，风疹，急性出血性结膜炎，麻风病，流行性和地方性斑疹伤寒，黑热病，包虫病，丝虫病，除霍乱、细菌性和阿米巴性痢疾、伤寒和副伤寒以外的感染性腹泻病，手足口病。对此类传染病要按国务院卫生行政部门规定的监测管理方法进行管理。

3. 传染病的特征

（1）流行性　按传染病流行过程的强度和广度分为：

散发：是指传染病在人群中散在发生；

流行：是指某一地区或某一单位，在某一时期内，某种传染病的发病率超过了历年同期的发病水平；

大流行：指某种传染病在一个短时期内迅速传播、蔓延，超过了一般的流行强度；

暴发：指某一局部地区或单位，在短期内突然出现众多的同一种疾病的病人。

（2）地方性　是指某些传染病或寄生虫病，受其中间宿主，地理条件、气温条件变化的影响，常局限于一定的地理范围内发生。如虫媒传染病、自然疫源性疾病。

（3）季节性　指传染病的发病率，在年度内有季节性升高。此与温度、湿度的改变有关。

三、猝死

近年来高校大学生猝死事件时有发生，猝死已成为意外死亡中的一个重要因素。如何预防和减少猝死的发生，大学生有必要学习和了解有关猝死的知识。

1. 猝死的含义

猝者，突然也。死者，失去生命。顾名思义，猝死是指自然发生、出乎意料的突然死亡，是指貌似健康而无明显症状的人由于潜在某种疾病或机能障碍所引起的突然意外的非暴力性死亡，其完整术语为"急速的意外的自然性疾病死亡"。

2. 猝死的特点

猝死有三个特点：一是从发病到死亡非常快；二是猝死常发生在看似健康的人身上，通常不可预测；三是均为自然死亡或非暴力死亡。目前流行的定义有 1 小时内、6 小时内和 24 小时内死亡等三种说法。世卫组织定义急性症状发生后 6 小时内死亡为猝死心、脑血管疾病,胰腺炎,剧烈运动,某些药物等,都可以造成猝死。猝死90%以上是心因性死亡。

3. 猝死的前期症状

专家调查发现,多数病人猝死前是有先兆的,发病数天至数月前,患者可出现一过性胸痛、憋气、胸闷、气急、心悸、易于疲劳等症状。据猝死者家属回忆,在死亡当日,1/4的猝死者有特别疲劳的埋怨、心绞痛、心悸或呼吸困难。这些猝死者猝死前往往突然面无血色、大汗淋漓、血压下降、心律失常。如果忽视了这些信号而不马上治疗,最终就会死亡的代价。

注意一些红色警报:有明显的疲乏感、心悸、呼吸困难、精神状态突变时,要警惕。突然出现心前区、后背闷痛,不明原因的胸痛,莫名其妙的"心慌"、"心悸",胸闷或隐痛不适等症状时,特别是感觉心脏忽然停顿一下,像乘电梯一样有一种坠落感,或感到心脏突然猛烈冲击胸部时,情况已相当危险,应及时到医院就诊、检查。

4. 猝死的原因和诱因

猝死可分为心脏性和非心脏性两大类,而心脏性猝死是突然自然死亡的最常见的原因,占70%左右;而心脏性猝死中冠心病约占70%,其他心脏病约占20%,如心肌病、心肌炎、二尖瓣脱垂、主动脉瓣疾病、风湿性心脏病、原发性心室颤动、心室停搏等,另约10%心脏无器质性改变,而是交感神经过度兴奋导致儿茶酚胺大量释放的结果。这些心脏疾病都会导致心脏突然停止有效收缩,造成全身供血严重不足。因时间较短,患者一般得不到及时的抢救,以至死亡。

心脏性猝死的主要诱因有争吵、过度兴奋、紧张、运动、过度疲劳、压力过大、炎热,大量饮酒、大量抽烟、生活不规律等不健康的生活方式等。原有冠心病、心肌病、高血压性心脏病、慢性心瓣膜病、先天性心脏病等疾病者属高危人群,亚健康群体也在此列——在猝死的案例中,有很多人是没有任何症状的,甚至也没有高血压、高血脂等危险因素,这个群体平均年龄不大,因此并不是很重视自身的健康问题,而且他们长期处于紧张工作和巨大的心理压力下,身心俱疲,在运动、兴奋的诱因之下成为猝死的高危群体。

上述诱因可能引起冠状动脉痉挛、心肌急性缺血缺氧,造成局部心肌电生理紊乱、室颤阈值降低,引起心律失常而导致猝死。

非心脏性猝死的诱因主要包括:

① 脑出血:高血压病患者易患脑出血,出血积存在颅内无法排出,压迫脑组织而致猝死。

② 肺栓塞:瘀血形成血栓,栓塞在肺动脉而猝死。

③ 急性坏死性胰腺炎:由于暴饮暴食、酗酒造成胰脏出血坏死、外溢,发生自体消化所致。

④ 哮喘:哮喘病人在某些刺激物的侵袭下,突发呼吸道强力收缩,进而不幸丧命。

⑤ 过敏:青霉素、普鲁卡因易引起药物过敏,造成病人过敏性休克死亡。

⑥ 猝死症候群:此病多见于年轻人(17~40岁),死前各项检查均正常,原因可能与钠离子通道代谢异常有关。

⑦ 葡萄球菌性暴发性紫癜:临床表现为在呼吸道感染康复过程中,突然发生病情恶化,病人多死于中毒性休克。

⑧ 毒品、某些药品过量也易造成猝死。

第二节　防范措施

一、食物中毒

1. 食品加工过程的预防

(1) 做好食品卫生监督工作,搞好食堂卫生,避免熟食受到各种致病菌的污染。禁止食用病死禽畜肉或其他变质肉类。

(2) 冷藏食品应保质、保鲜,动植物食品食前应彻底加热煮透,隔餐剩菜食前也应充分加热。

(3) 烹调时要生熟分开,避免交叉污染。做好食具、炊具的清洗消毒工作。

（4）腌腊罐头食品，食前应煮沸6～10分钟。

（5）禁止食用发芽马铃薯、毒蕈、河豚等有毒动植物。不随便吃不认识的鱼和菌菇。

（6）炊事员、保育员有沙门菌感染或带菌者，应调离工作岗位，待3次大便培养阴性后，才可返回原工作岗位。

（7）严禁采摘和食用刚喷洒过农药的瓜、果、蔬菜。

2. 大学生生活中防范食物中毒要点

（1）不买无照经营（非食品厂家）、个体商贩自宰自制的食品。

（2）购买食品时要查验食品的"生产日期"、"有效期"、"保质期"等食品安全标志。坚决不买、不用过期、伪劣、假冒（如勾兑假酒等）食品。可以放心购买有"Qs"认证标志的食品。

（3）不吃变形、变味、变色食品和包装破损或异常的食品（如胀罐），因为这种食品可能发生腐败变质。

（4）冰箱保存食品要严格分类分区，不能冷热混放。如生鲜食品（鱼、肉、海鲜）应存放在冷冻室；加工食品不吃要放在冷藏室，并严格遵守保存时间。

（5）粮谷类及油脂要存放在通风、干燥、避光的地方，做好防霉、防虫、防鼠工作。

（6）便后、饭前、加工食品前要洗手。

（7）防止生、熟食品之间交叉加工，要做到加工每一种食品前后都要洗手。案具、刀具不能混用，这对预防寄生虫病（如肝吸虫）很重要。饮用清洁水，不喝冷水。

（8）外出就餐要注意就餐环境卫生、餐具清洁度；不吃装盒超过2小时的盒饭。

（9）不吃不熟的青豆角、鲜黄花菜，不吃发芽的土豆，不吃野生菌菇、霉变粮谷和蛋壳破裂有异味的鸡蛋。

3. 大学生食物中毒的自我急救

食物中毒一般具有潜伏期短、时间集中、突然爆发、来势凶猛的特点。临床上表现为以上吐下泻、腹痛为主的急性胃肠炎症状,严重者可因脱水、休克、循环衰竭而危及生命。因此,一旦发生食物中毒,千万不能惊慌失措,应及时采取如下应急措施:

(1)当出现呕吐时,特别是有呕吐、腹泻、舌苔和肢体麻木、运动障碍等食物中毒的典型症状时,要注意:为防止呕吐物堵塞气道而引起窒息,应侧卧,便于吐出。呕吐时,不要喝水或吃食物,但在呕吐停止后应尽早补充水分,以避免脱水。留取呕吐物和大便样本,给医生检查。如果腹痛剧烈,可采取仰睡的姿势,并将双膝变曲,这样有助于使腹肌紧张,缓解腹痛。要将腹部盖上保暖。

(2)不要轻易地服用止泻药,以免贻误病情。让体内毒素排出之后再向医生咨询。

(3)催吐:进餐后如出现呕吐、腹泻等食物中毒症状时,可用筷子或手指刺激咽部催吐,排出毒物。也可取食盐20 g,加开水200 mL溶化,冷却后一次喝下,如果不吐,可多喝几次。还可将鲜生姜100 g捣碎取汁,用200 mL温水冲服。如果吃下去的是变质的荤食,则可服用十滴水来促使迅速呕吐。如因食物中毒导致昏迷,则不宜进行人为催吐,否则容易引起窒息。

(4)导泻:如果进餐的时间较长,已超过2~3小时,而且精神较好,则可服用些泻药,促使中毒食物和毒素尽快排出体外。可用大黄30 g煎服,也可采用番泻叶15 g煎服,或用开水冲服,也能达到导泻的目的。

(5)解毒:如果是吃了变质的鱼、虾、蟹等引起食物中毒,可取食醋100 mL,加水200 mL,稀释后一次性服下。此外,还可采用紫苏30 g、生甘草10 g一次煎服。若是误食了变质的饮料或防腐剂,最好是用鲜牛奶或其他含蛋白的饮料灌服。

(6)卧床休息,饮食要清淡,先食用容易消化的流质或半流质食物,如牛奶、豆浆、米汤、藕粉、糖水煮鸡蛋、蒸鸡蛋羹、馄饨、米粥、面条等;避免食用有刺激性的食物,如咖啡、浓茶等含有咖啡因的食物以及各种辛辣调味品,如葱、姜、蒜、辣椒、胡椒粉、咖喱、芥末等;多饮盐糖水。吐、泻、腹痛剧烈者暂禁食。

(7) 出现抽搐、痉挛症状时,马上将病人移至周围没有危险物品的地方,并取来筷子,用手帕缠好塞入病人口中,以防止咬破舌头。

(8) 如症状无缓解的迹象,甚至出现失水明显、四肢寒冷、腹痛腹泻加重、极度衰竭、面色苍白、大汗、意识模糊、说胡话或抽搐甚至休克等症状,应立即送医院救治,否则会有生命危险。

4. 食物中毒的应急处置

发现食物中毒的情况,切莫慌张。首先,应立即停止食用中毒食品,对病人采取催吐、洗胃、清肠等急救治疗措施。及时补充丢失的液体,如喝水或通过静脉补液。第二,应及时报告当地的食品卫生监督检验部门,采集病人标本,以备送检。第三,保护现场,封存中毒的食品或疑似中毒食品,对已售出的应即时追回,进行无害化处理或销毁。第四,根据不同的中毒食品,对中毒场所采取相应的消毒处理,以免扩大中毒范围。

5. 常见食物中毒事故的防治

(1) 细菌性痢疾

细菌性痢疾(简称菌痢)是夏秋季最常见的急性肠道传染病,流行范围广、传播快、发病率高,对人类健康危害甚大。特别是洪涝灾害地区,一旦水源受污染,更容易发生与蔓延菌痢。

菌痢的主要预防措施是:加强环境卫生和食品卫生的监督管理,做好饮食、水源、粪便的管理和餐具消毒、灭蝇防蝇工作,不吃生冷蔬菜,不吃不洁瓜果,不吃腐败变质食物,不吃未经处理的剩菜剩饭,不喝生水。个人要养成良好的卫生习惯,饭前便后要用肥皂洗手,生吃瓜果要洗净、消毒或去皮,不在街头小摊买各种熟食、切开的西瓜、菠萝等。夏季不聚餐。对菌痢患者要早诊断、早隔离、早治疗,以防疾病蔓延。菌痢流行季节可服用大蒜、马齿苋、黄连、白头翁、金银花、桉叶、地锦、苦参等煎剂预防。茉莉花、苦瓜也有一定的防治作用。

菌痢的治疗：常用药有痢特灵、黄连素、复方新诺明（有磺胺药过敏者禁用）、氟派酸、吡派酸、庆大霉素、卡那霉素等。上述药物应在医生的指导下合理使用，症状消失后继服 3～5 天，以巩固疗效。

（2）蕈类中毒

蕈类属于真菌植物。在我国目前已鉴定的蕈类中，可食用蕈近 300 种；有毒蕈类 100 多种，其中含剧毒可致死的不到 10 种。不慎吃了毒蕈后，最初可无任何不适，经过几个小时后，轻则恶心呕吐、头昏、乏力，继而流涎、流泪、多汗、瞳孔缩小、腹痛和腹泻；重则抽搐、昏迷而死亡。

预防和治疗：一旦发生毒菌中毒，应该立即催吐，尽力洗胃以排除毒素。应立即用 2% 碘酒 1 mL，加水 100 mL（约 1 杯）一次喝下，在无碘酒时，可饮浓茶一杯，或用 1∶2 000 浓度的高锰酸钾水一杯喝下，然后用筷子刺激病人咽喉部催吐，如此重复多次，以使尚未吸收的胃内毒物排出；再用番泻叶 10 g 泡水后服汁。可用催吐药和导泻剂。吐泻严重者应多喝茶水和淡盐水，也可用紫苏全株 10 g、甘草 12 g，水煎服；或水仙子 6 g，研末用醋调和服下；也可用鱼腥草根叶，生用嚼食。

出现黄疸、抽搐以及昏迷者，应立即送医院急救。

（3）河豚中毒

河豚的卵巢和肝脏毒性最强，其次为肾脏、血液、眼睛、鳃和皮肤。肌肉不含毒素，但鱼死后内脏毒素可渗入肌肉，而使本来无毒的肌肉也含毒。

河豚毒素是一种神经毒，中毒潜伏期 10～180 分钟。早期有手指、舌、唇刺痛感，然后出现恶心、呕吐、腹痛、腹泻等胃肠症状，伴有四肢无力、发冷、口唇和肢端知觉麻痹。重症患者瞳孔与角膜反射消失，四肢肌肉麻痹，以致发展到全身麻痹、瘫痪；呼吸表浅而不规则，严重者呼吸困难、血压下降、昏迷，最后死于呼吸衰竭。

急救方法：目前尚无特效解毒剂，如抢救不及时，中毒后最快可在 10 分钟内死亡，最迟 4～6 个小时死亡。对患者应尽快采用催吐、导泻等方法排出毒物后急送医院救治。

预防措施：加强宣传教育，防止误食。新鲜河豚应统一加工处理，经鉴定合格后方准出售。

6. 其他常见食物中毒防治要点（见简表）

病名	有毒成分	潜伏期	临床特点	急救处理	预防要点
蜡样芽孢杆菌食物中毒	与活菌、类肠毒素物质及磷酰胆碱有关	0.5～12小时，以2～5小时最多见	恶心、呕吐、头晕、腹泻、体温不高，预后良好	对氯霉素、庆大霉素、卡那霉素敏感	含淀粉多的食品如剩饭、香肠应防止污染，食前100℃加热 20～60 分钟
含氰苷果仁中毒	氢氰酸	1～5小时	胃肠道症状，大量进食出现口中苦涩、流涎、呕吐、心悸、呼吸困难、青紫，可窒息死亡	催吐、洗胃、解毒治疗	苦杏仁、桃仁、枇杷仁中均含有氰苷，应教育儿童不要吃苦杏仁
鲜黄花菜中毒	秋水仙碱在体内为氧化二秋水仙碱	0.5～4小时	恶心、呕吐、腹痛、腹泻、头昏、头疼、口渴、喉干，腹泻剧烈者可能导致死亡	洗胃与对症处理	干制黄花菜无毒，鲜吃时加水浸泡或用开水烫，去汁煮熟、煮透
四季豆中毒	可能与豆素及红细胞凝集素有关	1～13小时，多为2～4小时	恶心、呕吐、腹泻、头晕、头痛、四肢麻木，中性白细胞增多，病程数小时至2天，预后良好	对症处理用甘草、绿豆适量煎汤当茶饮有一定的解毒作用	充分煮熟后才能食用

(续表)

病名	有毒成分	潜伏期	临床特点	急救处理	预防要点
发芽马铃薯中毒	龙葵素	数10分钟至数小时	咽喉烧灼感,胃肠炎,重症有溶血性黄疸,可因心脏和呼吸麻痹死亡	催吐、洗胃,多饮糖盐水、茶水补充水分,适当饮用醋水中和茄碱,对症处理	挖去芽及芽眼,去皮水浸,炒时加醋以破坏龙葵素,如发芽很多应禁食
白果中毒	银杏酸、银可酚	1～12小时	除胃肠症状外,头痛、恐惧感、惊叫、抽搐,重者意识丧失,1～2日内死亡	洗胃、灌肠及对症处理	生白果去壳,加水煮熟或炒熟后再吃。熟白果也不能多吃,儿童尤应注意
粗制棉籽油中毒	游离棉酚	数小时至数天	恶心、呕吐、腹胀、口干、无汗、乏力、心慌、皮肤烧灼感;重者头晕、嗜睡、下肢麻痹	对症、保肝、解毒、给钾等	加强宣教,不食用未经精炼加工的棉籽油,禁止出售与食用游离棉酚超标(0.02%)的棉籽油
有毒蜂蜜中毒	各种有毒花粉,如雷公藤花粉	1～5天	头晕、疲倦、肢体麻木、发烧、肝大、血尿,可因循环呼吸衰竭死亡	对症处理,重点保护心、肾	蜂蜜应经检验合格方能售卖(生物碱及有毒花粉鉴定);不吃有异味的蜂蜜
亚硝酸盐中毒	亚硝酸盐	1～3小时	口唇、指甲以及全身皮肤青紫,重者呼吸衰竭而死	洗胃、灌肠导泻,用美蓝及维生素C治疗	不吃腐烂、存放或腌制过久的蔬菜,腊肠、腊肉、火腿中的亚硝酸盐每1 kg不得超过20 mg

（续表）

病名	有毒成分	潜伏期	临床特点	急救处理	预防要点
钡盐中毒	氯化钡、碳酸钡等可溶性钡盐	0.5～48小时，多在1～4小时	恶心、呕吐、心悸，以进行性向心性肌肉麻痹为特点，神志清醒，低血钾，因呼吸肌麻痹死亡	硫酸钠溶液洗胃和内服，严重者静脉注射大量硫酸钠，给硫代硫酸钠、二巯基丙醇，及时补钾	防止误食，盐井卤水（含钡的）应除钡后才能食用
毒鼠药中毒	磷化锌	0.5小时至数小时	喉头麻木、干渴，呼气及呕吐物有蒜臭味。1～2天假缓解期后出现血尿、蛋白尿、黄疸、肝昏迷	彻底洗胃，保肝及对症处理，禁忌各种油类食物	注意灭鼠毒饵的使用和保管，避免误食和污染食物
砷化物中毒	三氧化二砷	10分钟至数小时	口内金属味、烧灼感、恶心、呕吐、剧烈腹痛、顽固性腹泻、米泔样便，严重者脱水、昏迷、循环衰竭死亡	排出毒物，对症处理，使用特效解毒剂二巯丙磺酸钠等	加强管理，防止误食
霉变甘蔗	甘蔗节菱孢霉、串珠镰刀菌等霉菌毒素	10分钟～48小时	头痛、头晕、恶心、呕吐、腹痛、腹泻、视力障碍；重者剧吐、阵发性痉挛性抽搐、神志不清、昏迷，幻视、哭闹，可瘫痪；病死率和后遗症出现率达到50%	催吐、洗胃、灌肠，彻底排除毒物，对症处理	禁食发霉的甘蔗；已霉变甘蔗可制造工业用酒精

(续表)

病名	有毒成分	潜伏期	临床特点	急救处理	预防要点
臭米面中毒	可能为真菌毒素中毒（与串珠镰刀菌有关）	2～48小时，多为2～8小时	除胃肠道症状外，心、脑、肝、肾均可受损害	彻底排除毒物、洗胃、抗休克、保肝等对症处理	应大力宣传不制作、不食用"臭米面"及其他类似的霉变食物

二、传染性疾病

传染病之所以能够流行，离不开3个基本条件：传染源、传播途径和易感人群。所以预防工作就要从这三方面入手。

一是管理传染源：传染源可以是疾病的患者、隐形感染者、携带者及被感染的动物。对于已经确诊的患者，要尽早隔离，带有病原体的分泌物或其他接触物都要消毒处理。对隐形感染者和携带者要进行临床观察。被感染的动物，像牛羊、鸡鸭等能够带来经济效益的应当尽力治疗，无法治愈的在宰杀后也要进行消毒处理；像蟑螂、苍蝇、蚊子等害虫则要毫不留情地消灭。

二是切断传播途径：各种传染病都有其特有的传播方式，像呼吸系统传染病一般是通过空气中的飞沫传播，如非典型肺炎（SARS），可采取让人们戴上口罩，尽量少去人多的公共场所等手段来有效预防；消化系统传染病多是经过粪-口或是直接接触病人分泌物而感染上的，如痢疾、蛔虫病，这就要督促人们勤洗手，不要随意接触病人的物品；等等。通过了解传播的方式，采取相对应的措施，阻断疾病的扩散和流行途径。

三是保护易感人群：并不是所有接触了传染源的人都会被传染，只有当这个人对于该疾病没有免疫力的时候，才会有很大可能患病。平时可以通过加强营养、锻炼身体来提高免疫系统的抵抗力。但是对于预防传染病来说，最有效果的还是进行预防接种。有的传染病是终生免疫的，就是说如果你曾经得过一次，治愈后就会获得该传染病的永久免疫力,再也不会患上这种疾病,像水痘就是很典型的例子。虽然还是有很多传染病并不是依靠接种疫苗就可以避免,但是接种疫苗却能够在一定程度上提高人的免疫力,控制疾病的流行。

1. 呼吸道传染病的预防

所谓呼吸道传染病,是指病原微生物通过呼吸道侵入人体,并随呼吸道分泌物向外传播,侵入另一易感机体的传染性疾病。常见的有病毒性呼吸道传染病,如感冒、流感、麻疹、流行性腮腺炎、水痘、风疹等;细菌性呼吸道传染病,如百日咳、白喉、猩红热、流行性脑脊髓膜炎等。2003年后又增加了传染性非典型肺炎(SARS)和人感染高致病性禽流感两类新病种。

呼吸道传染病的预防可采取以下做法:

(1) 注意交通工具和居室内的通风换气:一般呼吸道传染病的病原体在外界生存时间很短,如麻疹、流感病毒等,对其不必进行消毒,只做通风换气和保持清洁卫生就能达到预防疾病的目的。

(2) 减少对呼吸道的刺激:如不吸烟、不喝酒、不食辛辣厚味,以减少对呼吸道的刺激。

(3) 多吃富含维生素C的水果:国内外大量的临床研究证实,维生素C作为人体健康所必需的13种维生素之一,它可以帮助维持皮肤黏膜的完整性,构成抵御感染的屏障,高剂量的维生素C(1000 mg/日)更可以有效地增强白细胞活力,促进免疫系统抗击细菌和病毒的能力,从而减少感冒的发生次数。

(4) 要注意保暖和多喝水:春季十分干燥,空气粉尘含量高,人体鼻黏膜容易受损,要多喝水,让黏膜保持湿润,这样才能有效抵抗疾病。

(5) 注意个人卫生:勤洗手,不随地吐痰,不随地甩鼻涕。注意劳逸结合,坚持锻炼,增强体质,提高抗病机能。

(6) 搞好预防接种工作:根据发病季节、流行区域、好发年龄等,在流行季节到来之前的一段时间内选择流感、肺炎、麻疹、流脑等疫苗进行接种。

2. 几种常见传染病的防治

（1）流行性感冒

流行性感冒（简称流感），是一种突然发生、蔓延迅速、感染众多、流行过程短的急性呼吸道传染病。

流感的病原体易变异，故易发生流行。流感病毒的型别多，各型病毒之间无交叉免疫力，人患流感后免疫力持续时间不长，所以人群普遍易感，抗药季节性流感病毒极易全世界范围内扩散。

临床表现：其特点是起病急，病情比一般感冒重，先是畏寒（发冷）、流鼻涕、打喷嚏、浑身骨头关节酸痛，剧烈头痛；随后出现鼻塞、高烧（可达39～40℃）、面颊潮红、咽干、喉痛、咳嗽、全身乏力、眼结膜或咽部充血发红；在全身症状和发热消退时，呼吸道症状常较明显。有的还出现胃肠道症状，如恶心、呕吐、腹泻或便秘。重症病人可说胡话，甚至昏迷不醒。

治疗：由于目前尚无有效的抗病毒药物治疗流感，一般要求急性期应卧床休息，注意有无心肌炎等并发症；饮食以清淡、易消化、有营养的食物为宜；鼓励病人多饮水；对高热、全身痛、剧咳者给予适当的对症治疗，合并肺炎者用抗生素治疗。

除通常传染病的预防措施外要注意以下几点：

① 首先要注意隔离传染源，与病人接触要戴口罩。

② 病人用过的餐具、用具、衣物等，健康人都不要随便使用，要用开水煮沸消毒（水开后煮15分钟）。不能用开水煮的物品，可放到室外晒晒，利用阳光杀死病毒。

③ 在流感流行期间，少到人多的地方去。不访亲探友，不去公共场所，更不要到病人家去串门。尽量减少或禁止大型聚会。外出戴口罩。

④ 搞好室内外卫生，常开窗户通风换气，保持室内空气新鲜，坚持湿式扫除，防止尘土飞扬。

⑤ 多吃一些富含维生素C的水果、蔬菜和适度的高热量、高蛋

白食物,可有效增强对病毒和细菌感染的抵抗力。同时多喝开水,也是促进机体的代谢功能、抵御病毒入侵的好办法。

⑥ 保护易感人群:有条件时疫苗接种,流行期间用药物预防。

(2) 肺结核

肺结核是传染病中的常见病,我国结核病疫情还相当严重,部分地区有蔓延趋势。病例统计显示,劳累(包括劳力、劳心、熬夜)、减肥节食、体质差、周围有人患结核病、患其他病致免疫力差、使用免疫抑制药的人更容易患结核病。近年来,学生、白领中都有一定比例的患病者。

结核病的传染源主要是痰涂片阳性的肺结核排菌病人。肺结核病人主要通过咳嗽或打喷嚏等把含有结核菌的微沫散播于空气中。一个未经治愈的活动性肺结核病人,一年能传染 10~15 个人。

预防:结核菌主要通过呼吸道传染,因此应禁止随地吐痰,最好将痰吐在纸上烧掉或用 20% 漂白粉溶液泡 6~8 小时;对菌阳性病人的日用品,以及周围的东西要加以消毒和适当处理,室内可用紫外线照射消毒,每日或隔日一次,每次 2 小时;患者用过的食具应煮沸消毒 10~15 分钟,被褥在烈日下暴晒 4~6 小时,痰盒、便器可用 5%~10% 来苏水浸泡 2 小时。除此之外还可接种卡介苗,它是一种无致病力的活菌苗,接种于人体后可使未受结核菌感染者获得对结核病的特异性免疫力,保护率约为 80%。结种后免疫效果可维持 5~10 年,因而隔数年后对结素试验转阴者还需复种。

(3) 病毒性肝炎

病毒性肝炎的病原学分型,目前已被公认的有甲、乙、丙、丁、戊 5 种肝炎病毒,分别写作 HAV、HBV、HCV、HDV、HEV,除乙型肝炎病毒为 DNA 病毒外,其余均为 RNA 病毒。

病毒性肝炎是法定乙类传染病,具有传染性强、传播途径复杂、流行面广泛、发病率高等特点;部分乙型、丙型及丁型肝炎病人可演变成慢性,并可发展为肝硬化、肝癌,对人体健康危害甚大。

病毒性肝炎存在于病人或病毒携带者的唾液、汗液、鼻咽分泌物与乳汁中,通过黏膜或皮肤微小的创口进入机体造成感染。

病毒性肝炎预防措施:

① 管理传染源

对急性甲型肝炎患者进行隔离至传染性消失;慢性肝炎及无症状 HBV、HCV 携带者应禁止献血及从事饮食、幼托等工作;对 HBV 标志阳性肝病患者,要依其症状、体征和实验室检查结果,分别进行治疗和管理指导。

② 切断传播途径

甲、戊型肝炎预防重点防止粪—口传播,加强水源保护、食品卫生、个人卫生以及粪便管理。乙、丙、丁型肝炎预防重点在于防止其通过血液、体液传播,加强献血员筛选,严格掌握输血及血制品应用。如发现或怀疑有伤口或针刺感染乙型肝炎病毒可能时,可应用高效价乙肝免疫球蛋白注射器介入性检查治疗。器械应严格消毒,控制母婴传播。戊肝为四季散发,与"吃"密不可分,患者大多是吃出来的肝炎。人类的戊型肝炎病毒感染主要来源是猪。戊型肝炎在临床症状上与甲肝相似。大部分乙肝病毒携带者不需要治疗,病毒本身并不会造成肝细胞重大损伤,病毒携带者出现免疫系统改变才会发病,有很大一部分病毒携带者一辈子可以平安度过。乙肝传染需要一定条件,如血液传播、母婴传播和性生活或生活上密切接触。聚餐不会传播乙肝,这已是学术界的共识。

③ 接种疫苗

最好的治疗是预防,而预防肝炎最好的办法就是打疫苗。最新研究表明:注射一次疫苗可 10 年甚至终身有抗体。人工免疫特别是主动免疫为预防肝炎的根本措施,然而有些肝炎病毒(如 HCV)因基因异质性,迄今尚无可广泛应用的疫苗。甲肝疫苗已开始应用,乙肝疫苗已在我国推广并取得较好的效果。通过推广乙肝疫苗注射,我国乙肝病毒携带率已下降了近 30%。对 HBsAg、HBeAg 阳性孕妇所生婴儿,于出生 24 小时内注射高效价乙肝免疫球蛋白(HBIG),同时接种一次乙肝疫苗,于出生后 1 个月再注射 HBIG 和疫苗。目前还没有预防戊肝的疫苗,预防戊肝重点是切断粪－口传播途径,关键是养成清洁卫生的生活习惯。要做到:饭前便后用流动水洗手,尽可能地不吃生食,不饮生水,生食蔬菜水果一定要认真冲洗干净。尽量不在卫生条件不好的小吃摊就餐。只要做到以上几方面,戊肝是完全可以预防的。

对病毒性肝炎要尽早发现、早诊断、早隔离、早报告、早治疗,以防止流行。

(4) 性病

近十几年来,中国性病发病率每年以 20%～30% 的速度增加,呈逐年上升趋势。据中国官方统计,中国感染性病人数达 70 万人,性病已成为中国五大传染病之一。

性病感染者主要集中在 3 类人群:性工作者、同性恋者及嫖娼者。性病发病数排在前位的依次是淋菌性尿道炎、尖锐湿疣、淋病、梅毒。

① 淋病

淋病是淋病双球菌(又称奈瑟氏淋病双球菌)引起的急、慢性接触性传染病,主要引起泌尿生殖器黏膜的炎症,属于性传播性疾病之一。

传染途径:主要通过性交直接接触传染,少数通过内裤、便盆、浴盆等间接传染。如孕妇有淋病,则分娩时新生儿经过产道感染。

② 尖锐湿疣

尖锐湿疣又称为尖圭湿疣、生殖器疣、尖锐疣、性病疣,是感染人类乳头瘤病毒而引起的一种表皮瘤样增生。本病可以通过自身接种,也可以通过其他接触途径感染,但绝大多数仍为性传播所致。

③ 梅毒

梅毒是一种慢性接触性传染病。梅毒的病原体是苍白螺旋体,是一种对人有严重致病性的螺旋体,能侵犯任何器官,产生各种症状。梅毒螺旋体只感染人类,故梅毒病人是唯一的传染源。其传染途径,后天性梅毒主要通过性交传染,少数可通过接吻传染,也偶有通过胎盘传给胎儿而致病。

④ 艾滋病

艾滋病的医学全称为"获得性免疫缺陷综合征"(英文缩写AIDS),是由艾滋病病毒(医学全称为人类免疫缺陷病毒,英文缩写HIV)引起的一种严重传染病。艾滋病病毒侵入人体后,破坏人的免疫功能,使人体易发生多种感染和肿瘤,最终导致死亡。

艾滋病病毒感染者经过平均7~10年的潜伏期,发展成为艾滋病病人,他们发病前在外表上与常人无异,可以没有任何症状地生活和工作多年,但能将病毒传染给他人。艾滋病通过性接触、血液和母婴3种途径传播。与艾滋病病毒感染者或病人日常生活和工作接触不会被感染。

艾滋病目前尚无有效疫苗和治愈药物,但已有较好的治疗方法,可以延长生命,改善生活质量。

性病的预防措施:

性病防治是一项社会性很强的工作,需要动员社会各方力量齐抓共管,更要加强性病知识的普及教育。一方面加强性道德教育,制止卖淫嫖娼等;另一方面要提高民众的自我防护能力,这是预防和控制性病最有效的方法之一。

a. 洁身自爱,遵守性道德,树立健康的恋爱、婚姻、家庭及性观念是预防和控制性病、艾滋病传播,预防经性接触感染艾滋病的根本措施。性自由的生活方式、多性伴且没有保护的性行为可极大地增加感染、传播艾滋病和性病的危险。

b. 正确使用质量合格的安全套。

c. 不与他人共用剃须刀、牙刷等;不用未消毒的器械穿耳、文眉。有毒瘾者暂未戒除毒瘾前切勿与他人共用注射器。有必要输血时使用经艾滋病病毒抗体检验合格的血。医疗时使用经严格消毒的注射器及检查治疗器械。

d. 及早发现和规范治疗性病可以减少感染和传播艾滋病、性病的危险。

(5) SARS 的防治

自 2002 年年底到目前,在全球局部地区相继发生了具有传染性的、至今病原体尚未完全清楚的、临床主要表现为急性肺炎的呼吸道传染病。国内最初称该病为"非典型肺炎",现在称其为"传染性非典型肺炎"。SARS 为一种由 SARS 冠状病毒(SARS-CoV)引起的急性呼吸道传染病,世界卫生组织(WHO)将其命名为重症急性呼吸综合征。本病为呼吸道传染性疾病,主要传播方式为近距离飞沫传播或接触患者呼吸道分泌物。

① 流行特点

a. 职业分布:从职业分布来看,医护人员发病率为 0.0576‰,是我国平均发病率的 38 倍。

b. 性别分布:非典型肺炎的发病率在男女性别之间无显著性差异。

c. 年龄分布:各年龄人群均有发病,但以青壮年居高。

② 传播方式

SARS 主要传播方式是人与人的近距离接触。

③ 临床表现

潜伏期 1~16 天,常见为 3~5 天。起病急,以发热为首发症状,可有畏寒,体温常超过 38℃,呈不规则热或弛张热、稽留热等,热程多为 1~2 周;伴有头痛、肌肉酸痛、全身乏力和腹泻。起病 3~7 天后出现干咳、少痰,偶有血丝痰,肺部体征不明显。病情于 10~14 天达到高峰,发热、乏力等感染中毒症状加重,并出现频繁咳嗽、气促和呼吸困难,略有活动则气喘、心悸,被迫卧床休息。这个时期易发生呼吸道的继发感染。病程进入 2~3 周后,发热渐退,其他症状与体征减轻乃至消失。肺部炎症改变的吸收和恢复则较为缓慢,体温正常后仍需 2 周左右才能完全吸收恢复正常。轻型患者临床症状轻。重症患者病情重,易出现呼吸窘迫综合征。

儿童患者的病情似较成人轻。有少数患者不以发热为首发症状,尤其是有近期手术史或有基础疾病的患者。

④ 预防措施

除通常传染病的预防措施外还要注意避免接触可疑的动物、禽鸟类;不随地吐痰,避免在人前打喷嚏、咳嗽、清洁鼻腔,且事后应洗手;确保住所或活动场所通风,勤洗手;避免去人多或相对密闭的地方,应注意戴口罩。保持乐观稳定的心态,均衡饮食,多喝汤饮水,注意保暖,避免疲劳,保证足够的睡眠以及在空旷场所做适量运动等,这些良好的生活习惯有助于提高人体对重症急性呼吸综合征的抵抗能力。

(6) 人感染高致病性禽流感

人感染禽流感,是由禽流感病毒引起的人类疾病。禽流感病毒,属于甲型流感病毒,根据禽流感病毒对鸡和火鸡的致病性的不同,分为高、中、低/非致病性3级。由于禽流感病毒的血凝素结构等特点,一般感染禽类,病毒在复制过程中发生基因重配,致使结构发生改变,获得感染人的能力,才可能造成人感染禽流感疾病的发生。至今发现能直接感染人的禽流感病毒亚型有:H5N1、H7N1、H7N2、H7N3、H7N7、H9N2 和 H7N9 亚型。其中,H5N1亚型和2013年3月在人体上首次发现的新禽流感H7N9亚型具有高致病性。

① 特征

人类患上禽流感后,潜伏期一般为7天以内,早期症状与其他流感非常相似,主要表现为发热、流涕、鼻塞、咳嗽、咽痛、头痛、全身不适,部分患者可有恶心、腹痛、腹泻、稀水样便等消化道症状,有些患者可见眼结膜炎,体温大多持续在39℃以上。病人一旦出现以上症状应该及时就医,一旦被怀疑为禽流感病毒感染,应马上住院隔离并报告疫情,防止病情恶化和传染扩散。

② 预防措施

结合禽流感病毒的特点和现有研究发现,目前认为,携带病毒的禽类是人感染禽流感的主要传染源。减少和控制禽类,尤其是减少家禽间的禽流感病毒的传播尤为重要。随着我国社会、经济发展水平的提高,急需加快推动传统家禽养殖和流通向现代生产方式转型升级,从散养方式向集中规模化养殖、宰杀处理和科学运输方向转变,提高家禽和家畜的养殖、流通生物安全水平,从而减少活禽或病死禽暴露机会。同时,要持续开展健康教育,倡导和培养个人呼吸道卫生和预防习惯,做到勤洗手、保持环境清洁、合理加工烹饪食物等。需特别加强人感染禽流感高危人群和医护人员的健康教育和卫生防护。

三、猝死

1. 预防措施

(1) 积极治疗原有的疾病

原有的疾病如高血压、冠心病等,注意心血管疾病的"魔鬼时间"。从凌晨到上午 10 点这一段时间都是心血管疾病的高发时段,被医学界称为"魔鬼时间"。

(2) 戒烟限酒

吸烟者的冠心病发病率较不吸烟者高 3.6 倍。吸烟与其他危险因素如高血压、高胆固醇有协同作用,可以使冠心病的发病危险性成倍增加;尼古丁可使冠状动脉痉挛,加重猝死的风险。

(3) 合理膳食

选择高蛋白质、易消化的食物如鱼、牛奶、大豆等。宜吃植物食用油如橄榄油、花生油、菜籽油、玉米油、豆油等。选择清淡饮食,多食富含食物纤维的粗粮、蔬菜,增加维生素的摄入。多食新鲜瓜果,控制甜食。低盐饮食,少吃煎、炸、熏、烤和腌制食品。用餐不宜过饱。

(4) 防止肥胖

肥胖给心血管系统带来不利的负担,体重超重 5 kg,心脏的负担即增加 10%。

(5) 避免精神过度紧张

精神紧张可使血压升高,心脏负担加重。精神过度紧张还会诱发心律失常,情绪激动很容易诱发冠心病等身心疾病,甚至还可以使已患有心血管疾病的老年人发生心肌梗死等意外。因此要做好在紧张中松弛情绪,自我调整,保持良好的心态。学会释放压力、调节情绪至关重要。

(6) 生活要有规律

按时起床、按时睡眠、定时进餐、适量锻炼、适当休息,劳逸结合,保持良好的卫生习惯。室内外温差别太大,避免血管突然收缩导致心源性猝死。

(7) 适量运动

适量的体育锻炼可以改善心血管功能,使身体的血液循环和微循环得到改善。步行是最简单而安全的运动。步行可以使心脏收缩加强,心跳加快,血流加速,冠状动脉的血流量增多,从而使身体适应步行运动的需要,这对心脏也是一种锻炼。

2. 现场急救方法

不少人发现猝死病人,第一时间都是打"120"叫救护车,错过了4～6分钟的最佳急救时间,等医生赶到,病人已经回天乏术。发生在医院外的心脏猝死的病人,如能在4分钟内及时实施初步的抢救措施,在8分钟内由专业人员进行心脏救生,能明显提高其救愈率。时间就是生命,速度是关键。因此,一旦发现有人发生猝死情况,应立即使其平卧在床上或地上,马上进行心肺复苏术,严禁搬动,并同时拨打"120"急救电话。

发现猝死的病人,应立即对病人的左侧心前区拳击2～3次,解开患者领口和裤带,使其平卧于硬的地方,托起患者颈部使头后仰,打通气道。如病人口中有异物,要先清除。

如无呼吸,即刻进行口对口吹气2次;检查颈动脉,如无搏动,进行心脏按压。按压时双手掌根贴在病人胸骨下段,另一手叠在这只手背上,两臂肘关节伸直,靠上身重量作快速按压,使胸骨下陷 3～4 厘米,按压频率为每分钟 80 次左右。

按压和人工呼吸同时进行时,其比例为 15∶2,即 15 次心脏按压,2 次吹气,交替进行。双人操作按 5∶1 进行。吹气时应停止胸外按压。一旦心跳开始,在立即停止心脏按压的同时,应尽快把患者送到医院继续诊治。

在心脑血管病人家中,硝酸甘油、救心丸等应成为家庭必备药。一旦出现上述情况,立即往舌下喂服一颗这类药物,往往能为有效的急救创造条件。

第十一章　学生人身伤害事故处理

随着我国高等教育事业的快速发展,在校大学生的人数急剧增加,高校学生伤害事故也呈上升趋势。2002年教育部颁布《学生伤害事故处理办法》(以下简称《办法》),对学生人身伤害事故的范围做了明确的规定:学生伤害事故是指在学校实施的教育教学活动或者学校组织的校外活动中,以及在学校负有管理责任的校舍、场地、其他教育教学设施和生活设施内发生的,造成在校学生人身伤损害后果的事故。《办法》规定了学生伤害事故的责任由相关当事人的行为与损害后果之间的因果关系依法确定的分担原则,明确了事故的处理程序、损害赔偿等学生意外伤害事故处理的相关重要事项,是学校处理学生人身伤害事故的重要依据。

对大学生伤害事故概念的界定是判断大学生伤害事故责任主体以及高校在何种情形下对大学生伤害事故承担法律责任的基本依据。大学生人身伤害事故必须满足一定的条件:受害方必须是大学生,必须有伤害结果发生;依据有关法律法规的规定,这类伤害结果是指身体的直接创伤或死亡,不包括仅仅是精神上的伤害;有导致学生伤害事故的行为或者不可抗力;导致伤害结果的原因可以是不可抗力,但更多的是行为,既包括学校领导、教师或者管理人员的行为,也可以是学生自身及其他学生的行为,同时,来自校外、突发性、偶发性或者其他形式的侵害也是导致学生伤害事故的原因之一;主观方面,在某些情况下可以是故意,但绝大多数是过失;发生时间上,必须是大学生正在以学生的角色参加学校的教育教学活动或校外活动(包括见习、实习、社会实践活动等);发生的空间上,必须是在学校负有管理责任的校舍场地,其他教育教学设施、生活设施内;大学生自行返校或离校途中发生的、自行外出或者擅自离校期间发生的、节假日或者假期等学校工作时间以外发生的、大学生自行滞留学校或者自行到学校发生的事故且在学校管理职责范围外,学校行为并无不当的,都不符合大学生人身伤害事故的概念。

第一节 案例与分析

典型案例1

2009年12月23日,河南省某大学学生组织同学聚餐,一男生黄某在酒桌上猝死,其父亲知道该生有特异体质,不宜饮酒,未告知学校该生状况。

案例分析:这是一起因学生自身过错引起的伤害。案例中河南某大学学生黄某明知自身体质特异,在主观上完全知道饮酒后果,且其在进校时未向学校报告,依照《办法》第十二条的规定,校方无法律责任。

典型案例2

2010年6月22日,北京某大学学生参加学校组织的篮球联赛,一学生因心脏骤停而猝死。在校期间校医院查出该生具有心脏病,不适宜进行剧烈体育运动,该生在明知自身问题情况下仍坚持运动,导致悲剧。

案例分析:这是又一起因学生自身过错引起的伤害。案例中的北京某大学学生在体检中检查出心脏病,校方也明确告知其不能参加剧烈运动,但其不听医嘱,参加篮球比赛致使丧命。校方已告知其参加剧烈运动的危险性,但学生不听劝阻,依照《办法》第十条的规定,应由其本人承担相应的责任。

典型案例3

2011年5月19日清晨,吉林省某大学大约百名大学生在学校食堂吃早饭后发生食物中毒,被送往医院紧急抢救。经公安侦查,此次中毒事件是由于学校两个承包人因竞争而产生积怨,其中一人采用放亚硝酸盐的手段,企图毁坏对手声誉,在对方食品中故意投放亚硝酸盐引起的。

案例分析:这是一起因第三人过错引起的伤害。案例中的百名大学生中毒事件,学校作为甲方,明确规定了承包人的责任,其中包括应保证所供应食品的卫生安全。两名食堂承包人因恶性竞争,其中一方违法向食物中投毒,导致学生大面积中毒。根据《办法》第十四条规定,应由致害人,也就是投毒人承担相应的责任。

典型案例4

云南省某学院2004级学生刘某,因感情问题产生轻生念头,曾试图跳楼自杀。被民警奋力救下后,刘某再次出走,并从昆明市西山森林公园的著名景点"龙门"石崖跳下自杀。

案例分析:在此案中,刘某的不健康心理是产生这起不幸事件的主要原因。学校在发现刘某精神状态异常时,应及时采取有效措施,对其进行心理疏导,并通知其家长进行陪护,抚平刘某的心理创伤,避免惨剧发生。

第二节 大学生人身伤害事故分类、处理原则及程序

一、大学生人身伤害事故分类

按照是否与高校教育管理职责有关,我们可以把大学生人身伤害事故分为两大类:

1. 与高校教育管理职责无关的人身伤害事故

(1) 不可抗力和意外事件引发的事故

不可抗力和意外事件如火山、地震、雨雪、雷电、台风、洪水等不可抗力的大自然灾害引发的事故；来自学校外部的突发性、偶发性侵害等情况引发的事故。

(2) 学生自身过错引发的事故

学生自身过错引发的事故如学生或者其监护人知道学生有特异体质、特定疾病、异常心理状态，但未告知学校，致使学校不知道或者难以知道的；学生自杀和自伤的；学生违反法律法规的规定、违反社会公共行为准则和学校规章制度或者纪律的，实施完全民事行为能力人应当知道具有危险行为的等情况引发的事故。

(3) 第三人引发的事故

第三人引发的事故原因是多样化的，在此就不一一叙述。但要指出的是，这里的第三人的行为应是与高校教育管理职责无关的行为，或是在高校已尽了教育管理职责，但也没能阻止第三人的损害后果的行为。

2. 与高校教育管理职责有关的人身伤害事故

(1) 由教育教学环境的不安全引发的人身伤害事故：

① 学校的校舍、场地、其他公共设施，以及学校提供给学生使用的学具，教育教学和生活设施、设备不符合国家规定的标准，或者有明显不安全因素所引起的人身伤害事故。

② 学校的安全保卫、消防、设施设备管理等安全管理制度有明显疏漏，或者管理混乱，存在重大安全隐患，而未及时采取措施所引起的人身伤害事故。

③ 学校向学生提供的药品、食品、饮用水等不符合国家或者行业的有关要求标准所引起的人身伤害事故。

(2) 由高校管理不当引起的人身伤害事故：

① 学校组织学生参加教育教学活动或者校外活动，未对学生进行相应的安全教育，并未在可预见的范围内采取必要的安全措

施所引起的人身伤害事故。

② 学校教师或者其他工作人员体罚或者变相体罚学生,或者在履行职责过程中违反工作要求、操作规程、职业道德或者其他有关规定所引起的人身伤害事故。

③ 学校教师或者其他工作人员在负有管理学生的职责期间,发现学生人身具有潜在危险性,但未进行必要的管理等情况引发的人身伤害事故。

二、大学生人身伤害事故处理原则

《办法》第三条明确规定,学生伤害事故处理应当遵循依法、客观公正、合理适当的原则。第八条同时规定,学生伤害事故的责任,应当根据相关当事人的行为与损害后果之间的因果关系依法确定。因学校、学生或者其他相关当事人的过错造成的学生伤害事故,相关当事人应当根据其行为过错程度的比例及其与损害后果之间的因果关系承担相应的责任。当事人的行为是损害后果发生的主要原因,应当承担主要责任;当事人的行为是损害后果发生的非主要原因,承担相应的责任。

高校如果由于过错伤害了大学生的身体,所构成的法律关系是民事侵权法律关系,主要是追究侵权责任。因此,高校承担法律责任的依据即归责原则应依侵权法确定。目前,我国侵权法主要采用3个原则,即:过错责任原则、无过错责任原则和公平责任原则。目前我国对于处理大学生人身伤害事故的法律规定很少,明确规定的仅限于《民法通则》第一百〇六条第二款及教育部规章《学生伤害事故处理办法》第八条的规定,二者都明确规定了认定学生伤害事故的归责原则为过错责任原则。

当然,对于学校或者大学生有明显过错的,适用过错责任原则是毫无疑问的。但是,由于造成大学生事故的原因具有多样性和复杂性,因此确立单一的过错责任原则显然是有失公平的。所以在适当的场合下辅以公平责任原则。

1. 过错责任原则

过错责任原则指的是以行为人的过错为承担民事责任要件的归责原则。依此承担的过错责任,是以其行为有主观过错为前提,并以过错作为确定责任范围依据的一种责任。它是根据"无过错,即无责任"原则认定的法律责任,是法律责任中最为普遍的责任形式。一般民事侵权责任的认定均以过错责任为归责原则,在构成要件中要求同时具备过错、违法行为、因果关系、损害4个条件,并以过错为最终要件。其着重点在于惩戒、教育和填补损失。故实行过错责任原则的,财产损失一般应全部赔偿。

过错是指行为人通过违背法律和道德的行为表现出来的主观状态,它是主观要素和客观要素相结合的概念。因此,只有当行为人的主观状态表现为危害社会的客观行为时,主观状态才能构成过错行为。过错是过错责任归责的最终构成要件。认定高校在大学生伤害事故中是否有过失,主要从以下几个方面分析:

(1) 高校对学生是否具有注意义务

过失以是否具有注意义务为前提,无注意义务当然不构成过失。学校的注意义务是一种特殊的注意义务,这种义务是基于学校对学生的教育、管理和保护的职责之上的。这种注意义务既包括基于法律法规、行政规章等规定而产生的法定性的注意义务,也包括基于有关部门颁布的教育教学管理规章、操作规程等规定而产生的一般性注意义务,以及学校与学生家长签订合同约定的注意义务。在《学生伤害事故处理办法》第十三条规定的情形下,学校对此就不具有注意义务,当然,在这些情形下发生的学生人身损害后果,只要学校行为并无不当,就不承担事故责任。

(2) 学校对学生是否尽了相当注意义务

所谓尽了相当注意义务是指学校按照法律法规、规章规程等以及合同要求的注意而付出一定的意志努力,尽到了对学生人身健康安全的合理的、谨慎的注意。相反,学校没有按照要求,应当预见损害结果的发生而没有预见或者已经预见到了而未采取合理行为,就是未尽相当注意义务。需要指出的是,注意要求的标准和范围因环境和对象的不同而不同,"危险性愈高、所生侵害愈重时,其注意程度应相对提高"。比如,小学对学生的人身健康安全的注意要求肯定比大学对学生的人身健康安全的注意要求要高,因为小学生的认知能力、防范风险的能力较低,发生人身伤害的概率也就高。

(3) 学校是否能尽相当注意义务

高校在认定大学生伤害事故中的过失中,还要考虑学校的预见能力,如果学校不具有预见能力,不应该预见也无法预见,即损害结果无可预见性,学校就无法尽相当的注意义务,采取合理行为避免损害结果的发生,因而主观上也就无过失。如果在危害结果发生前已经发现学生行为具有危险性,但未进行必要的管理、告诫或者制止,则认为学校具有预见能力,能尽相当的注意义务而未尽相当的注意义务。

2. 公平责任原则

公平责任原则是指在当事人对造成的伤害事故都没有过错,而受害人一方又不能适用无过错责任原则要求对方承担赔偿责任的情况下,由司法机关根据公平的观念,在考虑当事人的实际情况和可能的基础上,责令其给予受害人一定的经济补偿,由当事人合理分担损失的民事责任。上文所述的"没有过错"是指:

(1) 不能推定行为人有过错。

(2) 不能找到有过错的当事人。

(3) 确定当事人一方或双方的过错显失公平。

适用公平原则应严格把握以下几个问题:

(1) 公平原则适用的范围是双方当事人均无过错并且不属于无过错责任原则所调整的侵权损害赔偿案件,它是过错原则不能适用后才选择的一种归责原则。

(2) 所谓的"实际情况"是指双方或多方当事人的经济状况即实际负担能力,其他如社会同情因素、责任主体所尽义务的多少等,由法官自由裁量,但不是平均分担。

(3) 对受害人的赔偿应限于直接损失,一般不包括间接损失。

公平责任的运用是对责任承担形式的一种补充,使责任的分担更趋公平、合理,易使双方当事人达成谅解,有利于解决纠纷。

三、大学生人身伤害事故处理程序

1. 处理大学生伤害事故程序

大学生伤害事故发生后,学校应当及时救助受伤害的学生,告知学生家长,情形严重的,学校应及时向教育行政主管部门及有关部门报告,必要时可以在教育行政主管部门的指导、协助下尽快恢复学校的正常教育教学秩序。双方当事人可以进行调解,也可以直接到有管辖权的人民法院提起诉讼。事故处理结束后,学校应当将结果书面报告主管的教育行政部门。

2. 处理大学生伤害事故的重点

(1) 现场处置。及时抢救受伤学生,配合公安机关做好现场勘查,对知情人、目击证人等相关人员的调查和其他相关证据收集工作。

(2) 成立强有力的事故处置工作小组。学校应及时成立以受害学生所在学院、学工、保卫、宣传及其他相关部门领导为成员的事故处置工作小组。

(3) 做好受伤害学生家属的接待工作。选派有工作经验的干部和学生参加接待,切实安排好家属的生活,体现学校的关怀,满足其合理合法的要求,避免与家属的正面冲突,给家属以一定的宣泄空间,掌握家属的诉求。

(4) 做好舆情管控。科技的进步,自媒体时代形成,博客、微博、微信、论坛、手机短信、聊天工具等个体媒介发达,如不能及时有效管控舆情,事件很快就会通过网络迅速扩散。事故发生后,学校宣传部门应根据调查情况,迅速发布官方消息,回应社会关切,防止不实消息流传。

(5) 做好与受害学生家属的调解对话工作。与受害学生家属的调解对话工作是整个事故处置的重点,也是难点。对话前要做好充分的准备工作,了解家属诉求及参与对话的人员情况,确定双方参与人员、时间、地点,明确校方参与对话人员工作分工,对可能发生的不可控局面提前做好预案。在对话过程中态度不卑不亢,对家属堵门、闹事等威胁予以正面回击,必要时中止对话,并停止接待。在双方基本达成一致时应及时果断做出决定,不在小事、枝节问题上纠缠,始终掌握对话的主动权。

第三节 大学生人身伤害事故赔偿

一、高校与大学生的法律关系

大学生人身伤害事故发生以后,学校应不应该负责任?在什么情况下负责任?这些问题的关键就在于如何认识高校与大学生的法律关系。目前对于高校与大学生的法律关系,学界主要有下面几种观点。

1. 监护转移说

持监护转移说观点的人认为,学生在学校期间,家长无法行使监护权,而作为无民事行为或者限制民事行为能力的未成年学生,依照法律规定是需要处在监护人的监护状态中的,家长把学生送到学校就同时把监护权临时转移给了学校。如果学校不承担监护责任,学生就处于监护的真空状态,对于保护学生的合法利益是不利的。

2. 准行政关系论

准行政关系论的观点认为,虽然学校不是行政机构,学校与学生之间不完全是行政管理关系,但也不同于一般意义上的民事关系。学校对学生的教育是一种社会职责,在由国家提供经费的义务教育阶段,这一责任的社会性尤为明显,类似于行政管理,因此可称其为准行政关系。

3. 教育、管理和保护说

教育、管理和保护说的观点认为,学校对学生是一种教育、管理和保护职责,这与法律意义上的监护职责不同。根据《中华人民共和国宪法》和《中华人民共和国义务教育法》规定,学校是从事教育的社会组织,是一种以公益为主的机构,尤其是义务教育阶段如果让其承担监护责任,对学校来说是责任过大,而权力有限。学校是从事教育工作的社会组织,学校的主要职责是教育职能,要通过各种规章制度对学生进行管理和保护,以保障他们健康成长。

4. 特别权力关系说

特别权力关系说的主要内容是:国家与公共团体是行政主体,基于特别的法律原因,在一定的范围内,对相对人享有概括的命令强制权力,而另一方负有绝对服从的义务。这就表明学生与学校是一种具体的行政法律关系。即学校是负有教育目的的、提供专门服务的行政机构,只要校方认为自己对学生的管理行为符合教育目的,就能任意地对学生课以各种义务而不必承担任何责任,不必受行政一般原则的约束,与之相应的,学生必须承担由此带来的各种义务,而无法获得司法救济。

5. 服务合同关系说

服务合同关系说的观点认为,随着我国教育体制的改革和发展,尤其是私立学校的增多,双方的教育权利和义务的内容本身已体现为一种服务合同关系,具体表现为:大学生自主择校,高校收取费用,提供服务。这种法律关系,在法理上双方法律地位是平等的,属于私法性质,主要属于民法的调整范畴。

6. 教育关系说

教育关系说的观点认为,高校与大学生的关系是基于教育法律的规定产生的教育与被教育的关系,高校对大学生履行教育、保护和管理的职责。这种观点有一定的法律依据。按照有关教育法律法规的规定,高校应当为大学生提供全面、适合学生身心健康发展要求的教育,教育内容要全面、科学,教育方法要适当;在大学生在校期间应当对其进行严格管理,周密组织活动;还应当为大学生提供符合安全卫生规定的校舍和其他教育设施,按照有关规定配备卫生保健教师和其他设施,保护大学生不受来自校外组织或个人的不法侵害,及时组织抢救和治疗受伤害的学生。

虽然高校与学生的法律关系仍无定论,但有一点是明确的,那就是高校与学生的法律关系不是单一的。这些关系中既有地位不平等的教育行政法律关系,也有平等的民事法律关系。就教育和管理过程而言,这两种关系同时存在于学校教育和管理的整个过程。由于高等教育的特殊性和复杂性,这两种关系有时又相互交织在一起。

二、大学生人身伤害事故赔偿

大学生人身伤害事故不仅给学生、学生家长带来了巨大的不幸与痛苦,其日益增长的高额索赔也给高校带来了沉重的经济负担和压力,因此,寻找解决这一问题的对策,在当前高校教育教学活动中就显得尤其重要。

随着保险业的不断发展,各大高校已建立起较为完整的学校责任保险制度,将自己的办学活动纳入保险责任范围,让保险公司介入理赔,实现大学生人身伤害事故赔偿市场化。这样做既保护了学生的合法权益,给学生创造了一个健康、安全的成长环境,同时又能给予高校一个轻松的办学活动氛围,使高校能够按照教育本身的规律做好教育工作。

目前,主要有以下几个险种与大学生人身伤害事故息息相关:

1. 学生平安保险

学生平安保险,始于 20 世纪 80 年代初,是专门针对在校学生的一种低保费、高保障的特殊险种,当初主要作为学生平安保障,发展到现在已兼具意外医疗、住院医疗等保障功能。现阶段,学生平安保险为促进教育、稳定学校教学秩序、保障学生身心健康、安定社会和学生家庭发挥了重要作用。

"低保费、高保障"是学生平安保险的一大特点,被保险人只要交 100 多元的保费,就能获得高额的风险保障。如平安保险公司的学平险,被保险人可获得最高达 7 000 元的意外保障和 6 万元的住院医疗保障,价格优势相当明显。

2. 学生人身伤害与校方责任保险

所谓校方责任险,是指以校方依法承担的民事损害赔偿责任为保险标的的保险。自 2007 年开始,江苏省根据《江苏省中小学生人身伤害事故预防与处理条例》和省委、省政府《关于切实加强民生工作若干问题的决定》精神,在全国率先建立了由省政府统一为大中小学生买单投保的制度。根据政府采购招标结果,由省财政每年出资约 4 000 万元,省教育厅作为投保人,为全省 1 300 万在校学生和在园幼儿购买学生人身伤害事故责任险,并与承保保险公司签订保险合同。保险合同对保险责任、保额限度、保险主条款、扩展条款和特别约定等均作出了明确规定,实现了保险责任和范围的全覆盖,保障了学校和在校学生及在园幼儿的合法权益。

当然,保险毕竟以事后补偿为主。有了校方责任险,也并不意味着高校能放松对学生的安全教育和管理。高校要实现少索赔,力争零索赔。只有真正加强校园的安全管理,才是每一位教育工作者和社会各界关注和落实的着眼点。只有这样,才能为大学生提供良好的学习环境,保证其健康发展。

相关法律法规目录

1.《中华人民共和国宪法》
2.《中华人民共和国刑法》
3.《中华人民共和国消防法》
4.《中华人民共和国治安管理处罚法》
5.《中华人民共和国道路交通安全法》
6.《中华人民共和国国家安全法》
7.《中华人民共和国保密法》
8.《中华人民共和国计算机信息系统安全保护条例》
9. 国务院:《企业事业单位内部治安保卫条例》
10. 国务院:《禁止传销条例》
11. 教育部:《学生伤害事故处理办法》
12. 教育部、公安部:《高等学校消防安全管理规定》
13. 江苏省:《江苏省高等学校安全管理规定》

参考文献

[1] 中共江苏省委教育工作委员会. 大学生安全知识. 徐州:中国矿业大学出版社,2000

[2] 江苏省高等教育学会高校保卫学研究委员会. 大学生安全教程. 南京:东南大学出版社,2002

[3] 刘永基.新编消防管理学.北京:警官教育出版社,1999

[4] 孙伦. 消防安全管理. 北京:新华出版社,1999

[5] 张以超,胡永林. 人员密集场所消防. 北京:中国言实出版社,2004

[6] 中共北京市委教育工作委员会,北京高教学会保卫学研究会. 大学生安全知识. 北京:机械工业出版社,2008

[7] 中国高等教育学会保卫学专业委员会. 大学生安全教程. 武汉:武汉大学出版社,2010

[8] 韩红根. 安全防护教程.哈尔滨:黑龙江人民出版社,2010

[9] 潘红革. 高校餐饮食物中毒的预防. http://hq. zjwchc. com/new/xtread. asp? id=843

[10] 今年1-5月全国发生108起食物中毒事故致56人亡.http://www.chinanews. com/jk/2010/0721/2416544. shtml

[11] 高校食堂对外承包之后发生的事故.http://news. xinhuanet.com/focus/200309/22/content_1091521. htm

[12] 安徽外院学生中毒事件:都是扬州面馆惹的祸.http://www. huilon. com/2010/0401/2581. html

[13] 卫生部关于西安科技大学临潼校区发生食物中毒情况的通报. http://www. moh. gov. cn/publicfiles/business/htmlfiles/mohjbyfkzj/s6490/200804/31828. htm

[14] 文美荣. 高校突发公共卫生事件防控长效机制的构建. 当代教育理论与实践,2010(1)

[15] 高校诈骗案件的预防措施.http://www. docin. com/p48206757.html

[16] 大学生自杀猝死事件频发 高校开展生命教育刻不容缓. 法制日报,2010-04-12

[17] 崔建民,陈娜. 醉酒大学生阳台坠楼身亡 学校免责.http://www.chinacourt.org/public/detail.php? id=236712

[18] 浙大博士生实验室猝死 两教师存在误操作.杭州日报,2009-07-07

[19] 黄石一大学生酒驾撞死两人.武汉晚报,2010-03-23

[20] 裴睿.南京某大学大二男生宿舍洗澡时触电身亡.扬子晚报,2010-06-22

[21] 哈尔滨海归误入东莞传销魔窟拒入伙被打死.http://hlj.sina.com.cn/news/ljyw/2013-07-12/115562177.html

[22] 山东公布八大网络传销案件.http://315ah.ccn.com.cn/a/zxpd/20121018/11723.html

[23] 如何辨别亲朋好友是否在做传销.http://blog.163.com/cns726@126/blog/static/21318668200611128102335364

[24] 高校诈骗案件的预防措施.http://www.365anfang.com/html/201004/151657.html

[25] 暨大女生被陌生男扔下楼.现代快报,2010-3-25

[26] 李红雁.关于制定《校园安全法》的若干思考.长沙:湖南师范大学,2003

[27] 马串莲.校园学生伤害事故问题研究.合肥:安徽大学,2004

[28] 刘文辉.学生伤害事故的法律认识、预防及处理对策.长沙:湖南师范大学,2005

[29] 王瑛.学生伤害事故归责与预防.上海:华东政法学院,2005

后 记

  由江苏省教育厅和江苏省高等教育学会高校保卫学研究委员会主编的《大学生安全教育读本》，自 2011 年发行以来，已在江苏高校大学生中广泛使用，并受到了一致好评。由于国际国内的安全形势日趋复杂，犯罪分子的犯罪手段不断变化和更新，大学生的安全面临新的考验。为此，对《大学生安全教育读本》进行修订就显得很有必要。新的《大学生安全教育读本》，根据国际国内以及高校在安全方面发生的新情况、新问题，对各高校在安全管理中采用的新方法和新经验进行了较为系统的总结和提炼，使新读本更能适应大学生的安全需要。在修订过程中，编委会得到了各方面的关心和支持。江苏省教育厅安全保卫与维护稳定处、江苏省公安厅单位内部安全保卫总队、江苏省国家安全厅对外联络处对修改的内容、时间和使用对象提出了具体要求。东南大学出版社江建中社长、张新建总编以及本书责任编辑谷宁同志为修订工作提供了有力的支持并做了大量的工作。此外，修订稿中还大量吸收了有关书刊、报纸登载的相关内容和许多专家、学者研究的成果。在此，表示衷心的感谢！

  由于部分编委的工作岗位调整，新版的编委会由江苏省教育厅副厅长朱卫国同志和江苏省委教育工委副书记潘漫同志任主任；江苏省教育厅副巡视员步锦昆同志和江苏省公安厅副巡视员、单位内部安全保卫总队总队长周操同志任副主任；江苏省教育厅安全保卫与维护稳定处处长王伟同志、副处长韩叶祥同志、副处长冷法尔同志，江苏省公安厅单位内部安全保卫总队副总队长刘建华同志，江苏省国家安全厅对外联络处处长霍越忠同志以及江苏省部分高校保卫处的处长等任编委。江苏省高等教育学会高校保卫学研究委员会秘书处任祖平同志、宋涛同志和周志林同志承担了本书修订的组织工作。

参加本书编写修订的人员有：第一章《维护国家安全》：江南大学石晨曦、方正泉；第二章《不法侵害的预防与处置》：江苏大学张文忠、曹广龙；第三章《诈骗的识别与防范》：扬州大学邵成忠、刘汉柏；第四章《心理障碍的预防与调适》：苏州大学黄水林、霍跃进；第五章《火灾事故的预防与应对》：中国矿业大学苏延立、魏世英；第六章《交通事故的预防与处置》：南京理工大学王亚军、李鸿涛；第七章《盗抢案件的预防与应对》：河海大学李枫、张木兰、张彦德；第八章《网络侵害的防范与处置》：东南大学任祖平；第九章《灾害及意外伤害事故的防范与应对》：南京信息职业技术学院朱亚敏；第十章《食物中毒、传染疾病及猝死的预防与处置》：南京医科大学薛宇；第十一章《学生人身伤害事故处理》：南京大学蒲晓轩、曹昌家。部分编委多次参加了书稿的讨论。中国矿业大学郭东、江苏大学张文忠、江南大学石晨曦、南京师范大学王学珍以及学会秘书处任祖平、宋涛、周志林和江苏省教育厅安全保卫与维护稳定处的同志分别对全书进行了认真修改。南京大学曹昌家、东南大学任祖平以及学会办公室宋涛、周志林先后主持了书稿编写的讨论和修改。江苏省教育厅安全保卫与维护稳定处处长王伟同志提出修订意见以及书稿的总体构思和定位，并对全书的内容、结构等作了最后审定。

面临国际国内复杂多变的局面，安全问题更加凸显，智能化、科技化的犯罪手段不断翻新，大学生遇到的安全问题也在不断地发生变化，许多新问题有待进一步研究和解决。限于编者的水平与能力，书中难免有不妥之处，敬请有关专家、学者、保卫工作者和广大读者给予批评指正。

《大学生安全教育读本》编写组
2014 年 6 月于南京